刚刚好的幸福

[美] 刘墉 著

花山文艺出版社
河北·石家庄

图书在版编目（CIP）数据

爱何必百分百：刚刚好的幸福 /（美）刘墉著. -- 石家庄：花山文艺出版社，2022.7
ISBN 978-7-5511-6049-0

Ⅰ.①爱… Ⅱ.①刘… Ⅲ.①散文集－美国－现代 Ⅳ.① I712.65

中国版本图书馆CIP数据核字（2022）第025315号
经刘墉授权在中国大陆地区独家出版发行

书　　名：	爱何必百分百：刚刚好的幸福
	Ai Hebi Baifenbai: Gangganghao De Xingfu
著　　者：	（美）刘墉
责任编辑：	梁东方　王李子
责任校对：	李　鸥
美术编辑：	胡彤亮
装帧设计：	赵银翠
出版发行：	花山文艺出版社（邮政编码：050061）
	（河北省石家庄市友谊北大街330号）
销售热线：	0311-88643221
传　　真：	0311-88643225
印　　刷：	大厂回族自治县德诚印务有限公司
经　　销：	新华书店
开　　本：	620毫米×889毫米　1/32
印　　张：	6
字　　数：	73千字
版　　次：	2022年7月第1版
	2022年7月第1次印刷
书　　号：	ISBN 978-7-5511-6049-0
定　　价：	30.00元

（版权所有　翻印必究·印装有误　负责调换）

爱　　何　　必　　百　　分　　百

没有生死的考验,
也就见不出谁是"誓死不渝""生死与共"。
难道一定要过那长矛的一关,
才能见证百分之百的真诚吗?

自 序

爱,何必百分百?

在报上看到一篇老人怀念妻子的文章。

文字洋溢着深情,写他年轻时穷,脾气坏,孩子又多,全靠妻子的辛勤与体谅,才能把孩子带大。老了,他又多病,终年依赖妻子照顾,才能活到今天。

没想到,比他年轻十岁的妻子,突然心脏病发作,一句话都没多说,就永远离开了他。

文章里,老人不断请求妻子原谅,尤其是"那年

大地震"的事。地震时，老人从床上跳起来就往外冲，冲到院子里，地震停了，才见太太拉着三个孩子跑出来。

"谢谢你原谅我在危急时只想到自己，你是那么无私，而我，是那么自私，"老人写道，"我一生都在为那天的事自责，我是无心的，只是一时慌乱反应，自己冲出门去……"

想起大学时的一对恋人。

他们爱了许多年，由学校到社会，男孩子入伍两年，也没发生"兵变"。

但是秀姑峦溪开放急流泛舟，他们去玩了一趟，回来却吹了。

"一路水都很急，但是到了其中一段，水面变宽，水流变得好平缓，好像碧潭一样，我们两个就跳到水里玩。"女生后来说，"玩着玩着，突然觉得站不稳，

不断被推着往下游走,而下面传来哗哗的水声。他居然没拉我,自己拼命地爬上皮筏。"女生露出很气愤的表情,"人哪,不到危急的时候,见不到真情,这种男人,我不要!"

那男生也有他的道理。他说:"我不先上船,怎么救她呢!眼看她愈冲愈远,我追上她,就抓不住船;没船,抱着她也没用,当然先把船稳住再说。"

无论怎么解释,他们还是吹了。

过了几年,我到纽约,又碰上同样的事。

也是一对恋人,一起留学、热恋、翻脸。

那天他们在曼哈顿街上走,突然一声枪响。男生反应快,赶紧趴在地上,回头看女生,还怔怔地站着,男生大喊:"你趴下啊!你趴下啊!"

"我趴下,你怎么不拉我一把?"女孩子当场就翻了脸,"我早被打死了!"

刚 刚 好 的 幸 福

女孩子也是那句话:"只有到危急的时候,才看得出他是不是自私,有没有情,爱不爱我。现在我知道了,他对我全是假的!"

想起小时候看过的一部电影。

罗马人残杀基督教徒,把一群人抓到竞技场。士兵们则拿着长矛站在另一边。

"信基督的站出来!"罗马军官喊,"往前跑!看你的神保不保佑你!"

一张张坚毅的面孔出现了,男女老幼,一一从队伍里走出来,说"我是",然后往前跑,被长矛穿胸,倒在血泊中。

也有许多人留在了队伍里,瑟缩、颤抖,说他们不是基督徒。

看电影的时候,我还在念初中。只是从那时,我就常想起这画面。

我想，如果没有那生死关头的考验，他们不都是虔诚的教徒吗？他们一定都很热心，虔敬地礼拜，经常祈祷。

我又想，绝大多数的教徒，不都这样平平静静地过一生？没有生死的考验，也就见不出谁是"誓死不渝""生死与共"。难道一定要过那长矛的一关，才能见证百分之百的真诚吗？

自从读了老人怀念亡妻的文章，我又有了深一层的想法。

我们每个人都可能自顾自地冲出火场、冲出战场、冲出地震中的危楼，然后镇定下来，想起我们的爱人、亲人，又冲回去救他们。

当你在外面发怔的时候，如果亲人自己跑出来了，他们会不齿你"这个先逃的人"。当你正冲回去，在门口遇见他们，他们则会感念你"回来拯救"的恩情。

前后只是几秒钟,却可能给人完全不同的感觉。

懦夫与勇士,难道分界是这么明显吗?

在电视上看到一则特别报道——

现代最新科技制造出来的人工钻石,硬度已经达到九点三,几乎跟真钻石一样了。

以前在纸上画条线,把钻石放上去,如果是真钻,那线因为折射大而看不清;如果是假钻,则清清楚楚。现在这号称"摩星钻石"的假钻,一样折射,一样闪亮,一样看不清。

再用导热的仪器检验,过去碰上假钻就不会亮灯的仪器,遇到"摩星钻石"照亮不误。

最后连宝石专家都说,只好用特殊的比重溶液测定了。

看完电视,我笑了,心想:何必这么迂呢?何必追根究底呢?

要是我,有这闪亮、坚硬、温暖如真钻的假钻,我就只当它是真钻,我绝不会用那么麻烦的方法去量比重。

人生不满百,相爱几十年,我们何必用许多假设,甚至设计各种方法,去验证自己的爱人?我们可以心里知道,爱情有深浅,性格有刚柔,每个人看待事情的态度也不同,所以到了紧要关头,身边人可能弃我们而去。

但是今天,现在——他闪亮,他坚强,他温柔,如同百分之百的真钻。 就当他是真钻吧!

就在太平岁月,快快乐乐、相依相偎过一生吧!

刚 刚 好 的 幸 福

目 录

仲夏之爱

爱的最后一站 _ 002

长相思只为长相离 _ 012

早春之爱

多么矛盾的世界 _ 022

你有没有为孩子读过故事书? _ 029

及时死去的父亲 _ 038

晚春之爱

一家之主换人做 _ 048

在那心颤的一瞬间 _ 055

妈妈样的女人 _ 062

暮秋之爱

如果婚姻是场游戏 _ 072

再婚只是换了一条船 _ 080

当你们不得不分的时候 _ 087

冬之爱

臭皮囊的联想 _ 100

我愿随波去 _ 111

当战争结束的时候 _ 119

四季之歌

不完美的完美 _ 128

制造石头和苦水的地方 _ 137

遗忘,真好! _ 145

当你成为一只候鸟 _ 153

谁是真妈妈 _ 160

描一次心灵的地图 _ 168

仲夏之爱　　早春之爱　　晚春之爱　　暮秋之爱　　冬之爱　　四季之歌

仲夏之爱

爱的一年很奇怪，

它常不由春天开始，而由夏天开始，

一下子，

就炽热得如同盛夏……

爱的最后一站

十几年前,有个老同学的老情人要出国留学,因为他们在一起四五年,跟我都是老朋友了,所以我也去机场送行。

那别离的场面,真可以用轰轰烈烈来形容。老同学特别定制了一条刻着两人名字的项链,为女朋友戴上。大概因为激动,手发抖,戴半天戴不上,突然"哇"的一声,两个人抱着痛哭了起来。

"我不走了!"女生哭着喊着说,站起身,拉起行李,就要回头。却让男生给拦了下来:"不!我不能耽误你,你先走,我马上跟去,我一定会通过托福,我拼命,也要考过。"

女生上了飞机。

我陪老同学回台北。他一边开车,一边说他们有多么相爱,有多么不舍,又想到一堆对不起女生的地方,一边说,一边擦眼泪,车子一边扭。

"不成!不成!先下高速公路吧!"我喊,"要开车,等你哭够了再开。"

车子从桃园交流道下来,停在路边,他果然蒙着脸哭。

哭一阵,哭够了,说:"好!咱们可以上路了。"

车子掉头,转回高速公路,他一边打方向盘,一边望着对街的槟榔摊,对我说:"你有没有注意到,那卖槟榔的小姐好漂亮。"

"你刚才不是在哭吗?怎么会看到?"我问。

"哭是哭,哭还是可以看啊。"

"真亏你,一边哭走的,一边看新的。"我笑。

"哭走的,是心情。"他大笑,"看新的,是生活。"

看看我,又回头瞄了瞄远去的槟榔西施,"日子总要过下去,对不对?"

春天,去花店,店里除了卖鲜花、假花、花器、花肥和各种园艺的工具,居然也卖一个个小小的"鸟屋"。

每个鸟屋都设计得别出心裁,有圆顶的,有尖顶的,有农舍形状的,也有传统都铎式的,十几个五颜六色的鸟屋挂在一面墙上,看起来好像一个小小的城镇。

"什么鸟能钻进这么小的洞?"我指着鸟屋上的小洞问店员,"为什么不把洞挖大一点,让各种鸟都适用?"

"这是专给鹪鹩住的房子,也只有它们才会住人造的鸟屋。"

"它们真会来住吗?"我还不信。

刚　刚　好　的　幸　福

"你放心好了！它们聪明极了，你一挂上，它们就来了。"

我挑了一个黑顶红墙和白色大门的鸟屋，门上还有一面美国国旗。屋子的正后方则有一个暗门，可以偷偷打开来，看里面"发生了什么事"。

鸟屋挂在后院的日本丹枫上，正对着我书房的窗子，让我能随时观察可能的"房客"。

这么小的洞，这么鲜艳的颜色，怎么可能有小鸟来？我想。可是还正想呢，第三天，就发现屋子有了动静。

一个灰灰褐褐的影子，在小屋前一闪而过。我找来望远镜看，没多久，果然又看见它飞回小鸟屋，嘴里还衔着一根小树枝。

这貌不惊人的小鸟简直是个工作狂，进进出出，连着几天工作。它也是个智商不低的小东西，每一次衔着小树枝，它都能调整飞行的方向，使那根横在嘴

里的枝子，能顺利地放进那个小洞。

没多久，小鸟屋里就堆满足足有十厘米厚的树枝和草茎。

工作结束了，这小鸟又显示了另一种才华，只见它站在鸟屋不远的枝头，抬着头，挺着胸，垂下长长的尾巴开始唱歌。

一串一串像是银铃般的歌声，在春天的园子里回荡。

然后，它不唱了，小屋子里有了另一只小鸟出入，露着尖尖的嘴，朝着小洞外面，好像守着家、等待丈夫归来的小妇人。

好奇地找来一本《读者文摘》出版的《北美野生物》(*North American Wildlife*)，翻到 House Wren 的那一页，居然画了一只一模一样的小鸟，站在一个鸟屋的前面。

那介绍说得真妙，说这种鸟很能适应环境，在花盆里都能做窝。它们很凶,甚至为了抢"别人的家",而把人家的小鸟啄死。

书里的最后一段说得最耐人寻味——

　　这种鸟的公鸟,总在不断地换伴侣,所以当它的原配还在喂雏鸟时,别的母鸟可能已经坐在新生的蛋上。

看一位美丽女明星的传记,写她和她才子前夫的缘起、缘灭。

当这一对才子佳人开始谈恋爱的时候,女明星知道他还有个很要好的女朋友。

女明星问他该怎么对那女朋友交代。

才子说:"我会告诉她'我爱你还是百分之一百,但现在来了一个千分之一千的,所以你得暂时避一下'。"

多有意思的话啊！百分之百不就等于千分之千吗？

但也是多么真实的一句话啊，如同美国的影评人，总会在推崇电影时，说那是"今年十部最好的电影中的一部"。

"最"，是"最高级"，按说只有一个。问题是，在谁心里的"最爱"，会是唯一的最爱呢？

即使今年是、明年是，会不会后年突然蹿出一个"最中之最""千分之千"？

看一个新闻专题节目，谈到影视明星的绯闻，从最红的某明星谈起，一路数，数了一串名字。

节目里也访问了成名的艺人，包括一位早年红极一时的老歌星。

"其实这种事，以前南北作秀的时候更多！"老歌星潇洒地笑笑，"你想嘛，一群年轻人，南北作秀赶场,天天在一起,大家都是平凡人,当然容易……"

记者问:"那么您呢?您是不是也……"

老歌星顿了一下,又笑了:"我嘛,我也是个平凡人哪!"

其实这世上有谁不是平凡人呢?

我们都曾作弊,都曾撒谎,都曾年少轻狂,都曾青春奔放,也都可能曾经冒过险,迷过路。

直到人生的太阳西斜,许多人才从"荒野小径"回到"归乡大道"。

然后,天晴了,人老了,不再流浪,不再放荡。我们也拉起了脸,骂那年少轻狂。

秋天了,我常坐在窗前看远远的小鸟屋,想:那里面的母鸟和小鸟到哪儿去了?那只工作狂又歌声美的公鸟,又变成了何方的"唐璜"?

　　冬天要来了,它有没有一个固定的家,使它能在里面过冬?

　　那家里会是哪只母鸟做"女主人"?"她"会是"他"的千分之千、万分之万,抑或只因为那是"他"在下雪前,最后的一个落脚的地方?

长相思只为长相离

吃完午饭,跟妻坐在窗前喝咖啡。

"这样的感觉真好。"我说。

"是啊!"她笑笑,"可是你没回来之前,我的时间安排得好好的,你一回来,把我全搞乱了。"

我跳了起来:"天哪!这是什么意思?"

她歪着头笑:"你不在的时候,我很早起床,先读《圣经》、做体操,再叫女儿起床,送她上学。回家后,时间有的是,可以处理各种杂事,有时候还去逛百货公司,中午常常十二点半就睡午觉了。"喝口咖啡又道,"可是现在,一点半了,还在跟你聊天。"又笑笑,"不过也好,这样才有变化,变一阵,你又走了。"

突然觉得自己回到了远古的渔猎时期。

男人一出门捕鱼、打猎,就是十天半个月。妻子织布、制陶,守着孩子、守着家,也守望着,等丈夫归来。

男人回来了,一脸疲惫,一堆收获。把猎物一摔,往床上一躺,就睡了。

于是女人开始忙碌,忙着切割、腌制、悬挂、曝晒,也忙着照顾丈夫。

每次,我回到纽约,就是如此。

先是好好休息一阵子,清理万里的疲惫,然后,妻开始帮我挂号,带着我看病,照顾我起居饮食。

当我闲下来,她就开始忙,她忙累了,又到了我远行的时刻。

可是,再想想,那些朝九晚五的丈夫,与家中妻

子的关系不也如此吗?

他们只是把"相聚"与"相离"的时间缩短而已。

一早,丈夫在太太的招呼下出门了,女人开始有自己的时间,买菜、洗衣、准备晚餐、接送孩子,也可能有些时间看看"肥皂剧",逛逛百货公司,打打电话聊天,或出去跳个土风舞,打个小麻将。

算算时间,丈夫要下班了,就又回到另一种心情,开始洗,开始炒,一直忙,忙到全家都睡了,忙到第二天,丈夫和孩子又出了门。

如果把她一天的时间分成属于"他们"以及属于"她自己"的两个部分,不也跟那渔猎时期一样吗?

"紧完之后,要松;那松,就是空间。"妻说,"每个人都要有自己的空间,所以有些丈夫退休之后,一天到晚盯着老婆,看太太这儿也不对,那儿也不对,不给太太一点空间,就会吵架。"

可不是吗?所以有些夫妻年轻的时候很好,老了反而吵架。老了,男人退休了,不能再天天躲出去,于是产生一个新情况——许多老先生、老太太,各自跟着一个儿女过,许久才见一次面。其实,那是另一种变通的方式,为的是给对方一些空间,也给自己一些空间。

话说回来,年轻人即使各自上班,如果有一方太黏,另一方却"希望有自己的空间",还是可能出问题。

想起最近在电视上看到一位著名的小提琴家接受访问。

主持人提到小提琴家以前热恋的女朋友。

"唉!我忙,一天到晚四处演奏,不在家。她太爱我,怕离开我,所以受不了,分开了。"

主持人又转到小提琴家现在的妻子。

"她是很有名的医生,她也很忙,"小提琴家笑笑,

"两个人都忙,反而过得非常好。"

也想起前些时挺轰动的一个"情变"新闻。

郎才女貌,怎么看都是一对璧人,而且是一对众所周知的"清纯情侣"。

女孩子为情人守身如玉,至今还是处子。男孩子也不躁进,每天伴随着自己的爱人。

可是,就在两个人订婚之后,眼看将要走向红毯的那一端,男孩子却打了退堂鼓。

女孩子很有风度,没有怨对方,只是悔自己,她甚至帮男孩子说话:

> 你们看到他对我好,只是一部分,他对我家人也很好,我想只能用"长工"来形容吧!一年除了过年那三天他会回家外,其他三百六十二天,他几乎都待在我家。

刚刚好的幸福

TV & LIVE 杂志上刊载了女孩子的话,但是跟着说,女孩子或许就因为男孩子对她实在太好了,所以订完婚,男孩子自己开了公司之后,没时间陪她,她根本无法理解,开始和他大吵特吵,造成分手。

"我现在知道过去真的是太不懂得珍惜了。"女孩子说。

看到这儿,我想,到底他们两个人是不相爱,还是太相爱?太相爱,太腻在一起,久了,反而成为一种负担,对方稍稍冷了些,就会造成不安。怪不得他们分手之后,男孩子感慨地说:"如释重负。"

也想起我的一个朋友。

两口子结婚十多年,老吵架。几次走到离婚边缘,都要签字了,又被朋友们拉回来。

"我不是不离,"那太太愤愤地说,"我是因为办了加拿大移民,想到马上批下来,就可以一走了之,

所以能忍就忍了。"

过了不久,她果然移民了,一个人去了加拿大,她的丈夫,先气得要死,说:"我的事业都在这里,要走她走,我就不去。"

大家猜他们一定非离不可了。但是三年过去了,每次那太太回来,丈夫都请客,看他们两个人亲亲热热地黏在一起,显然感情变好了。

有一天,提到他们的"进展",那丈夫说:

"唉!以前天天大眼瞪小眼,谁看谁都不顺眼,现在,就算看不顺眼,想想过两天,她又要走了,一走走那么久,一飞飞那么远,反而会有点同情,有些心酸。走的时候,送她去机场,她叮嘱这个,叮嘱那个,我再也不觉得她啰唆,因为我也变得啰唆。然后过几个月,我去看她,她接我,看春花,看秋叶,看着看着,想到要分开,又是不舍。你说,我们怎么会不愈来愈好呢?"他笑笑,"讲句实话,结婚十五年了,直到这三年,才觉得两个人真有情,真相爱,真盼望见到她。"

"盼望见到她。"

这句话多么简单!又多么有道理!

爱就是一种盼望,盼望跟他相聚。

问题是,如果从来没有别离,又怎么盼望相聚?

无论是朝九晚五,各有各的工作,离开八九个小时;或山南海北,各在天之一涯,离开百日数旬,总要有那不相见的时刻,才能产生更大的盼望。

"今夜鄜州月,闺中只独看。"

想起杜甫的《月夜》,才感触交通不便,聚少离多的古人,夫妻情可能更深;才了解"长相离"只盼"长相守","长相思"只为"长相离"。

仲夏之爱　　早春之爱　　晚春之爱　　暮秋之爱　　冬之爱　　四季之歌

早春之爱

子女是嫩芽，爹娘是春风，

春风常料峭，春雨常绵绵。

所幸，

三月的风，加上四月的雨，总能造就五月的花。

多么矛盾的世界

老同学聚会。都是半百的中年人,却都摇身一变,成了小伙子,大家轮着说荤笑话。其中一个,还一边听,一边记笔记。

"你记什么啊?"有人问。

"记笑话。记性不好了,不记下来,回家就忘了。"

"啊!我知道了,回去讲给太太听。"大家调侃他。

他却头一摇:"你们猜错了,我是要讲给我老妈听。"

"什么?"众人瞪大眼睛,"你老妈多大岁数了?"

"七十多了。"

"那么老还听这个?她不骂你吗?"

"嘿嘿!"这老同学神秘兮兮地笑,"你们要知道,老归老,还是爱听的。每次我讲完,她一定骂我不正经,可是她一边骂,一边记。跟着进房间,就会听见我老爸在里面大笑。很简单嘛!我老妈进去转告了。"

"那你何不直接说给你老爸听?"有人问。

"这怎么成?开玩笑!我老爸那种人,只怕当场就翻脸。"老同学摇摇头,"他们那一辈啊!都是假道学。但是你们知道吗,我老爸在他那批老朋友当中,最受欢迎了。请客总少不了他,为什么?因为他总有最新鲜的笑话。"

有个邻居到家来,正看见我太太为女儿梳头。

"好福气!好福气!留这么长的头发,还有妈妈帮你编辫子。"叹口气,"阿姨小时候,都只能自己编。"

"为什么?"小丫头问。

"因为阿姨的妈妈太懒,不愿意给阿姨编。"

偏偏她的老母正在我家,听到了,很不高兴地说:"谁讲我没给你编过辫子?我没教,你又怎么会编?"

"算了吧!"那邻居太太一白眼,"我到现在都记得,小时候坐军车去学校,爬上好高好高的大卡车,坐在车上,带把梳子,一路自己编辫子。那时候,我才小学一年级啊!"话才说完,她女儿跑进来,头发短短的,像个小男生。

"快留长头发,要你妈妈每天为你编辫子。"我开玩笑地说。

"我是要留啊!"小女孩一噘嘴,"可是我妈妈说长头发太麻烦了,所以把我的头发剪得这么短。"

到朋友家吃饭,正是母亲节前夕。

"喂!母亲节到了。"女主人对着儿子伸伸手,又

刚 刚 好 的 幸 福

对着丈夫伸伸手,"来!拿礼物来,不要送东西,钱就好!"

"母亲节,你应该跟孩子要,为什么跟我要?我给,也只能给你妈妈。"男主人看着坐在对面的老阿妈。

"你儿子小啊!他才九岁,怎么有钱?"推了儿子一把,"去!叫你老爸给钱。"

小孩走过来,摇他爸爸的胳膊。

"好!好!好!"男主人笑着说,"两千、一万、两万。由你决定,给妈妈多少。"

一桌人的眼睛全盯在小男孩的身上。

"两万……"小男孩看看天花板,"嗯……太多了。两千嘛……又太少了。就一万吧!"

才说完,就挨了一巴掌。女主人瞪着儿子,笑着骂:"白养你了!对妈妈这么小气!"

这时候,男主人看看老阿妈,又说话了:"给阿

妈多少呢？也由她女儿决定吧！两千？一万？还是两万？"

女主人瞟了自己老母一眼，小声说："她上哪儿去花？两千块还不够吗？"

自从我去年到四川九寨沟，惊艳于那里的风景，就一直鼓励儿子也去看看。

暑假，儿子到台湾巡回演讲，抽出一个星期的时间，飞去成都。行前，我把九寨沟的资料交给他，连哪家旅馆最好，怎么订，都交代了。希望他能有个愉快的旅程。

一个礼拜之后，儿子回到了台北。

"应该打个电话去，问问他对九寨沟的印象。一定很满意，一定拍了不少好照片回来。"算着台北的时间，我午饭时对太太说。

"不用打了，他已经打来了。"太太冷冷地应着。

"噢!他怎么说?"我兴奋地问。

"他根本没去。"

我跳了起来:"为什么?"

"因为他的女朋友说九寨沟人太多,不要去,所以去了别的地方。"

我怔住了,不知道说什么好,坐下来,叹口气:"唉!儿子大了,就听女朋友的了。"看见旁边的小女儿我又笑笑,"还是女儿乖,听爸爸的,对不对?"

"对!"小丫头很甜。

"记住,"我摸摸她的头,"以后交了男朋友,要有主见,要男生听你的,懂不懂?"

"懂!"小女儿直点头。

看她点头的模样,突然让我想起儿子的那个女朋友,也是独生女,也是她老爸老妈的掌上明珠。

他们会不会也早在家里叮嘱过他们的女儿"要有

主见,要男生听你的",于是,我的儿子,老远赶去成都,就一下子改变九寨沟的计划,去了他们女儿指定的地方?

想想老同学聚会时说的笑话,我们不都在扮演某种假道学吗?

想想邻居太太的抱怨和朋友老婆的选择,我们不是都可能一边怨老的、骂小的,一边却犯着与他们同样的错误吗?

这就好比当我们说"我决不像他那样爱批评人"的时候,我们已经在批评。

这是一个多么矛盾的世界!

刚刚好的幸福

你有没有为孩子读过故事书？

台湾地区发生大地震，从美国打电话问候台北的朋友。

一早开始拨，拨了三个钟头才接通。电话那头传来一片大人和孩子的声音。

"你们在做什么啊？开会呀？"我问。

"不是开会，是我太太读故事书给孩子听。"朋友在那头喊，"地震我家没什么大损失，就是没电，只好点蜡烛。"

"点蜡烛说故事，真不错。"我说。

"没办法啊！没电，没电视，小孩子吵着要看书，怕他们眼睛看坏了，只好由我太太念。奇怪了！"他

在那头笑起来,"小孩子居然说妈妈念的比电视里演的还精彩呢!"

想起去年 2 月 19 日,美联社的一个专题报道,说从孩子出生,就可以读故事书给他们听,又说读书提供的刺激,不仅能促进婴儿脑部的发育,父母读书的节奏和亲子间的互动,更使婴儿受益无穷。

报道里引述了儿童图书服务协会理事长罗曼的话,说:"最重要的是,孩子能感受到父母对文字的喜爱,以及通过声音表现的温馨。"

那报道已经是一年九个月前的事了,我为什么能记得这么清楚,原因是其中的一句话,当时曾经吓我一跳,而且是吓了一大跳。

报道是这么说的——

  1996 年针对阅读做的一项抽样调查显示,无

论收入多寡,美国只有半数的家长,会每天读书给孩子听。

我当时大吃一惊,心想:"天哪!一定是夸张吧!怎么可能有一半的家长读故事书呢?算算我儿子、女儿,从小到大,我一共也没念过几本书给他们听啊,幸亏我太太会读,可是再读也不可能天天读啊!"

正因此,我一方面自我检讨,一方面注意美国报章上各种有关"读书给孩子听"的新闻。

更惊人的消息出现了,我发觉,美国人确实花不少时间为孩子讲枕边故事。他们不但讲,而且还演出。

譬如,去年三月,纽约的全国教育协会发表研究报告,七项最新的研究证明,为孩子大声朗读可以增进孩子的沟通能力。他们甚至建议家长和社区用五种阅读活动,来启发儿童的智力——

一、由作家或义工，做成卡通人物或扮演故事里的角色，在书店为孩子读书。

二、让小孩子身穿睡衣，带着他们的枕头，到图书馆，听他们的枕边故事。

三、由高中生为小学生朗读。

四、每隔一段时间，由学校把家长和学生分成两组，家长们讨论子女教育，孩子们听故事。

五、由老师、家长、餐厅的员工、校长、退休教员和义工，各在不同房间读故事书，让孩子们自由来来去去，随意听取不同故事的片段。

我对那最后一项特别感兴趣，觉得美国人未免太自由了，放任孩子走来走去，爱听什么故事就留下来听，不听就去别的房间换个故事。

"这样有用处吗？"我怀疑。

可是跟着就看到"从读书开始"读书会创办人伊

丽莎白·席格的一段话,她说:"不必因为孩子坐立不安、抢书,甚至吃书、撕书而气馁。其实小孩很聪明,他们打岔或半途走开的时候,可能仍然在听故事。"

报纸上甚至发表了医学界的研究结果,读书给婴儿听,可以促进他们的情绪和社会适应力,更能增加小孩的词汇,为日后的教育奠定基础。

他们甚至说:"无论孩子多小,都可以读书给他们听,就算是读给胎儿听,也不嫌早。"

这不正是中国人所说的胎教吗?

这也使我想起,在女儿小时候,我自创的一种游戏。

那时候,她才两三岁,我总是先坐在椅子上,再把她抱起来,放在我的大腿上,一边抱一边说:"骑大马喽!"

然后,我就上上下下地抖动大腿,让她像在骑马

跑，一边说："我们跑进森林了！我们爬上山了！"再大喊："不好了！大野狼追来了！快快快！快逃！"接着快速抖动双腿。小丫头也就紧张得瞪大眼睛。直到跳过一条河，跑回家，慢下来，她才松口气，大呼过瘾。

我发现这种又说又演的游戏方式，不比看电视的效果差，而且好得多。因为看电视的时候，是狼、是马、是什么景色，一下子全看到了，反而当孩子听你说故事或读故事书的时候，更能发挥他们的想象力。

前两天，就在离开美国的前夕，收到我家附近图书馆的通讯，上面标题写着："读！读！读！"然后是一整个星期"故事时间"的时间表，居然由一岁半开始到五岁，分成了五个故事班。

一岁半以前也有班，叫作"玩具时间"（Toy Time）。

刚　刚　好　的　幸　福

接着我上飞机,回到台北。看到《自立晚报》报道《天下杂志》完成的"学龄前儿童养育与亲子关系"调查报告。

那标题很有意思——《亲子活动,七成看电视》。

报告中又说:"令人担心的是,父母花许多时间与幼儿一起看电视,但对真正需要用心的亲子互动,例如讲故事或读故事书给孩子听,却显得有心无力。"

万千感慨,袭上心头,想起美国克林顿总统在广播中说的一段话——

　　我们迫切需要改进学校教育,但是父母们也可以帮助孩子打下良好的基础。科学证明,每天晚上上床前为孩子读书,有助于孩子一生的前途,也就是为国家的未来奠定教育的基础。

克林顿又强调:

不识字，历史变为迷雾，数字变为一团乱麻，网际网络变成迷途。美国的未来是一本等待打开的书。我鼓励父母、祖父母一同参与，为你们的孩子朗读书籍。

在这儿，我把克林顿的那段话转述出来，让我们这些为人父母者一起深思。

及时死去的父亲

"今天跟儿子打球,我赢了。"一个老朋友对我说。

"太好了!可是怎么一点也看不出你高兴的样子?"我问。

"因为我是不高兴!"看我诧异,他又说,"我起先很高兴,但是接着就不高兴了,想想,五十岁的老头儿打赢十几岁的小伙子,当然高兴。可是再想想,赢了自己的儿子,又有什么好高兴的呢?尤其看到他一脸饱受挫折的样子,我简直有点伤心。"

"那么你下次跟他打球,就想办法输给他。"我笑笑。

他居然叹了口气:"哎呀!麻烦就出在这儿啊!

刚刚好的幸福

有一次,他同学来,他正跟我打球,我为了让他有面子,故意输给他,你猜,他怎么样……同学走了,他居然很不满,说他才跟同学吹他老爸球打得多好,怎么当天打那么烂,连最容易的球都接不到,害他没面子。"他又叹口气,"儿子小的时候,你是爸爸;大一点,你是老师;等到他进中学,你就成了他的敌人,而且这个敌人反复无常,比什么敌人都难对付,他甚至会跟你吃醋。"

想起爱因斯坦,似乎就会吃他父亲的醋。

第一次,他带女朋友会见他的父亲,女朋友出来说他父亲长得真英俊,爱因斯坦就不太高兴。

然后,父子二人又为爸爸不欣赏这女生而闹僵。在爱因斯坦给女生的信里,好像全是对父亲的抱怨,怨父亲对他"说教",怨父亲"把太太看得比妓女还没原则,还重金钱"。

然后,他瞒着父亲跟那女生继续交往、同居,生了孩子,直到父亲心脏病发作,准许他跟那女生结婚,过去的争执才一笔勾销。

尽管如此,爱因斯坦的父亲临死,还是拒绝他在床边送终,五十五岁的赫曼一个人独处,走向死亡。

这件事,使爱因斯坦遗憾了一生,几十年后,他仍然对人说:"父亲的死,是我人生经验里最大的惊愕。"

也想起小仲马。

当小仲马认识出身孤苦的甫丽赛丝,并带去见他的父亲大仲马之后,大仲马的反应也跟爱因斯坦的老爸一样——反对,因为这个出身差的女孩子,会影响儿子的前途。

甫丽赛丝三年之后郁病而死,小仲马在哀恸中,为了纪念这段爱,写成了他的名著《茶花女》。

刚 刚 好 的 幸 福

不知道大仲马是不是仍然对甫丽赛丝不高兴,他对《茶花女》反应非常冷淡,直到小仲马把《茶花女》改写成剧本,大仲马才刮目相看。

《茶花女》上演了,满城轰动,小仲马给父亲发了一封电报:"太成功了!我真是不知所措,观众竟然以为是在看你作品的首演呢!"

大仲马的回电则是:

"亲爱的儿子,我最好的作品就是你啊!"

也想起另一个文豪海明威。

从小就崇拜父亲,处处跟着父亲学的海明威,进入青春期,就常跟父亲冲突。他居然对他的朋友说当他父亲处罚他的时候,他很生气,有时候会坐在后院储藏工具的小屋子里,把门打开,然后在里面的暗处,偷偷用枪瞄准父亲的头。

但是,过了不久,当海明威离开家,去堪城工作

的时候,他的老爸送他到车站,他却依依不舍地热泪盈眶,而且后来把这一段情节写进了他的名著《战地春梦》:

> 那祈祷声带着抽噎的情绪……他的父亲对他吻别。他突然觉得父亲老多了,涌上难以忍受的伤感……

父子情,就是这么难以捉摸。有情、有爱、有合作,也有战斗。

我那朋友说得好——在孩子眼里,父亲是爸爸,是老师,也是对手。

随着孩子的成长,他离开父亲的怀抱,学习父亲的样子,渐渐地,他长大了、强壮了,有了他自己的想法、自己的样子。他开始怀疑父亲、否定父亲。像是成长中的小狮子,小时候总跟公狮子打打闹闹,假咬假抓，突然有一天，激发出了它微妙的一种感觉，一种属于它的"雄心"，它的前肢高举，利爪伸出，嘴角上挑，露出森森的白牙。

它走了，找到自己的地盘。在那里撒尿做记号，告诉整个狮群，那里是它的家。在它的家里，有它的主张，就算它的父亲，也不能违抗。

父子情，就是这么矛盾。

父亲一方面是对孩子的爱，一方面是对孩子的要求。他要孩子做他的影子，完成他没能完成的事；他也要孩子做他的朋友，对他做出相等的回馈。

孩子不是由他经过阵痛生出来，他认孩子的母亲，然后认孩子；他也可能因为不认孩子的母亲，而不再爱那个孩子。

父亲是雄狮，在自己的地盘上行使统治权，不许人挑战，不许人侵犯，这当中包括了他的儿子。

读心理学大师荣格的《荣格自传》,看到一段惊心的文字——

荣格的父亲弥留之际,母亲说:"他想知道你是不是通过了国家考试。"

荣格说:"通过了,考得蛮好。"

父亲就如释重负地叹口气,闭上眼睛……稍后,荣格又进去探视,发现父亲的呼吸愈来愈微弱。荣格在自传里写道:"以前我没见过人死,突然间,他的呼吸停止了,我等着,等着,等他下一次的呼吸,可是再也没等到。"

最令我难忘的是荣格讲:"有一天,母亲说'他为你及时地死去了'。"然后,男子汉和自由的一小部分开始在他身上发生。父亲死后,荣格就搬进父亲的房间,并且取代了父亲在家里的地位……

"他为你及时地死去了。"

刚　　刚　　好　　的　　幸　　福

荣格母亲的这句话常在我的脑海盘旋。

我常想,为了让孩子能独立,甚至为激发他们的潜能,使孩子不再活在父亲的阴影里,每个父亲是不是都应该"及时地死去"?

回头看看,四五十年前,人们的寿命平均不过五十岁,男人命更短,总是早早地死去。

他们都早早地在孩子幼小的时候就已经离开人世,或像荣格、海明威和爱因斯坦的父亲,在他们二十多岁能够接棒的时候"交出棒子"。

可是再看看眼前,因为医学的发达,多少五六十岁的领导阶层,在家里仍然有个威权不容挑战的父亲,下班之后,仍然要聆听老父亲的教诲。

这些父亲,是不是也应该"及时地死去"?

那死去不是真死,而是如同已经死亡,不再给孩子任何指导,甚至不提供任何意见。

把该属于他的地盘交给他,像雄狮一样,把长大

的幼狮赶出去，逼他走向他自己的世界。

他的世界里，有他的妻子、儿女与群党。用他的价值观衡量，用他的方式生活，用他的方式成功，也用他的方式失败。

做父亲的可以有"偷偷的同情"，不必有"明显的干涉"。

因为我们都已经"及时地死去"！

仲夏之爱　　早春之爱　　晚春之爱　　暮秋之爱　　冬之爱　　四季之歌

晚春之爱

当花王牡丹成了燕巢泥，

花后芍药就开始当令……

一家之主换人做

"男人老了,以前办公室里的仇人都变成了朋友。"一位老太太最近愤愤地对我说,"可是啊,男人老了,以前卧室里的爱人,都变成了仇人。"

"为什么会这样呢?"

"因为没了利害关系。"老太太说,"以前在办公室为了升迁,一个斗一个,谁也不让谁,所以一堆仇人。现在全退休了,寂寞得要死,碰上老同事,高兴还来不及呢。不上班了,没什么好争的了,当然仇人都成了朋友。"

"有道理。"我笑笑,问她,"可是爱人又怎会成为仇人呢?"

刚刚好的幸福

"也因为没了利害关系,"老太太停了一下,拉着脸说,"以前他对我不好,我就不陪他睡觉。可是现在他不行了,不陪睡觉,正好;你陪他,他还觉得讨厌呢!现在不上班了,一天在家闲逛,不是挑这个,就是挑那个,我就不听他的,当然成了仇人。"

这老太太的道理,乍听是气话,细细想还真有道理。由"男女相悦"到"夫妻相守",这"悦"与"守"就是不一样。

"悦"是情、是心,比较抽象;"守"则是守这个家、守这群子女,多少比较具体、比较现实。

记得许多年前,在电视上看过一个访问。

主持人问一位海员的妻子:"你丈夫总出海,一去就半年三个月的,你怕不怕?"

"以前怕!但是现在不怕了。"女人说。

"为什么?"

"因为我叫他保了一个高额的险,万一他出了什么事,家都还能维持。"女人笑得很奇怪,"从那以后,他走他的,我就一点都不紧张了。"

这访问距今已有七八年的时间,可是我总想起,总浮现那女人的笑。因为当时我听了吓一跳,心想原来女生那么现实。

还有一件更久以前的往事,也是我终生难忘的。

那时候我还在纽约教书,我的绘画班上有个从初级一路学上来,已经跟了我三四年的老学生。

她不开车,每次上课都自己坐巴士来,再由她先生接回去。

她的先生我见过,是个身材高大的警察,加上是意大利裔,十足大男人主义,每次看到我都露出"你耗了我老婆不少时间"的眼神。

刚 刚 好 的 幸 福

我那学生也真像是欠了丈夫似的,每次一下课,就算画到一半,也会飞快地收拾东西,撂下一句"我老公来了",就冲出门去。

可是,有一天,下课时间到了,她却继续画。

"你老公来了,快走吧!"我催她。

"来了又怎么样?"她居然用眼角瞟瞟门外,"让他等!"

我猜他们两口子一定吵架了,没再催。后来发现她每堂课都要丈夫等,才知道,原来她丈夫退休了。

"他退休了,急什么急!"这意大利女人有一天拉着嗓门儿说,"回家也是闲着,坐在外面等我也是应该的,怎不想想我已经等了他几十年?现在总可以换换了吧!"

这学生的话也留在我心中十几年了,我常想:"天哪!可别退休,退休就会被老婆欺负了。"

谈到被欺负,又让我想起那位老太太说过的话。

"以前啊,我老头子要欺负我,我只有吃着。孩子都小,我能走吗?当时我要死要活,非嫁给他不可,跑回娘家,我有脸吗?而且钱是他赚的,他都抓在手上,我又拿什么活?"突然换个脸色,也换个口气,"可是现在不同了,他欺负我,我就住到女儿家去,这家住住那家住住,谁敢不收留我?我告诉你,直到我住在女儿家,发现女婿对我女儿有多体贴、多温柔,我才发现自己是白过了,让那老家伙作威作福了一辈子……"

我的老同学汪恒祥在他的《一生一次》里说得好——他以前在公园里常看见一对老人,老太太总扶着步履不稳的丈夫散步,亲密的样子,真令人羡慕。

后来老人死了,汪恒祥去灵堂慰问,当时外面没人招呼,却听见老太太在里头给朋友打电话,有说有

刚刚好的幸福

笑,还说:"老家伙死了,总算自由了,从今往后可以跟你们参加旅行团,四处玩了。"

夫妻就是这么妙的组合!

前半辈子,男人拼命赚钱,把薪水袋往桌上一扔,就觉得尽了责,就觉得是牺牲自己的一家之主。

后半辈子,男人多半先凋零,尤其退休之后,便很快地从"游民"变成"游魂",也从"良人"变成"凉人"。

人是凉了,从床下半边开始凉,凉了"那件事",凉了那颗心,如果再趣味不相投,就连脑也凉了,使得"风情话"也成了"风凉话"。

然后,男人更弱了,被搀着,被扶着,被抱着。换个角色,女人把他喂饱了,带他看了病、散了步,也就觉得是牺牲自己的一家之主。

年过半百,我常想,夫妻的情可能像是银行,最

好年轻时别"贷情",而要多"存情",到老来才好"提情",不致遭到白眼。

当然,我也想,其实一家之主换人做,男人做四十年,女人做十年二十年,男人还是蛮划算的,不是吗?

在那心颤的一瞬间

有个学生跟他太太吵架,请我帮忙劝一劝。

"刘老师,你知道吗,他太过分了。"学生的太太在电话里对我喊,"他抱着我,居然喊别的女人的名字。"

"他喊谁的名字?"我问。

对方犹豫了一下,说出个熟悉的名字。

那名字我确实熟悉,不但熟悉,而且熟悉十几年了。

十几年间,我这学生交了好几个女朋友,每个都叫那"熟悉"的名字。不是巧合,而是因为只要他交女朋友,就会给女朋友取个好听的"小名",而那小

名都一样，都是他前妻的名字。

不仅如此，每次学生来我家，看电视，碰上清秀可爱的女明星或女记者，就会偷偷对我说："老师，您看，这女生跟我前妻像不像？"

"不像。"我说。

"像！"他一定回答，"味道像极了。"接着便重复好几遍那熟悉的名字。

"人都不知到哪一国去了，你又已经再婚，何必总提她呢？"有一天我说他。

他怔了一下，笑笑："我其实不想她，只是常因为看到像她的女人而想起她。"

接受出版社的邀请，到祖国大陆去访问。

"我刚刚接待过一位台湾地区的作家。"出版社的负责人说，"他很疼老婆，爱老婆爱得要死。"

"你怎么知道？因为他常打电话给他老婆吗？"

刚刚好的幸福

我问。

"他有没有打电话我不知道,但是从他的言谈就知道。"出版社的朋友神秘地笑笑,"他到百货公司,看见漂亮的衣服,总说:'这衣服就适合我太太穿。'然后买下来。还有一天,经过一个画廊,看见一幅油画,他又说:'这画里的女人真像我太太。'接着,也买了下来。天哪!他来的时候提一只空箱子,回去的时候,带了满满三箱,全是买给他太太的。他疼老婆,还有假吗?"

坐朋友的车去网球场。

下车,他打开后备厢,拿球具。球具拿出来了,却盯着后备厢里面,满脸笑容地说:"真可爱!真可爱!"

"什么可爱?"我好奇地过去看。什么都没见到,只见一大箱小盒的橘子水。

"橘子水，有什么可爱的？"我问。

"我太太买给女儿喝的，想到女儿喝的样子，觉得好可爱。"

打完球，跟他回家，上楼，没进门，他又喃喃地说："好可爱！好可爱！"

"又有什么好可爱的？"

"你看！我女儿穿的小鞋，多可爱。"他又盯着一双小孩的红鞋，痴痴地笑着。

回来后，在餐厅看电视新闻，一个小学的男孩子，居然在校园里被推土机撞死了。

孩子的母亲俯在桌上哭，哭弯了腰，哭得缩了下去，倒在地上。

那段新闻过去了，原来喧哗的餐馆却变得好安静，我偷偷回头，发现每个女人都哭红了眼眶，还有好几个在擦眼泪。

刚　刚　好　的　幸　福

晚上，一个人在床上看《新新闻》出版的《摄影机的眼泪》。

一幅幅惊心的照片，都是断垣残壁、哭泣的面容和木然的眼神。

看到埔里，废墟间一个中年女人抱着一个玩具、拖着一个大大的塑料袋，在哭。

文字写着——

埔里民生路二号，原本连着的六栋三层楼民房，地震后已经变成瓦砾一片。一位妈妈趴在瓦砾堆中，用手一点点地拨出砖瓦。邻居说，这位妈妈是全家在地震后的唯一幸存者，地震后的第四天，她试图找出一些属于自己小女儿的物品，像娃娃、奖杯之类的，准备烧给女儿，但是，她每挖到一件东西，就忍不住地在瓦砾堆中号啕大哭一阵。她说："不回到这里就不会伤心，一回

来,看到东西就难过。"

我的眼泪也像断了线的珠子般,在这深夜里滚过两颊。

想起最近卢春如唱的一首歌——

我不是她,我是我……
你认清了没有,我的名字,能不能别再喊错……
你的遗憾,我无能为力,你和她的过去,和我真的没关系,可不可以别再叫我陪你回忆……

也想起张小娴写的一篇文章,说有一天,已经跟以前的爱人分手很久了,却还不自觉地保留着与他在一起时的生活习惯,听一样的音乐,用同一品牌的牙膏，吃同样的东西……

可不是吗？

睹物生情，睹人思人，人溺己溺。

他确实不能取代他，她也确实不是她。那"手泽犹存"的主人，更可能已经到了另一个世界。

但是，怎么说不去想，不去想，在我们的心底，那个小小的角落，还是可能藏着"他"的影子。让我们看到每个与他相关、与他相似的人与物，就怦然一惊！

但这怦然一惊，可能只是一瞬，便消失，不见了。

但这一瞬，却是多么真实、多么心颤啊！

妈妈样的女人

听医生说喝适量的红酒可以降低胆固醇,所以饭后总有些醺醺然。

有一天,大概喝多了一点,居然躺在椅子上睡着了。迷迷糊糊中觉得有人给我盖被子,想必是妻,张开眼睛,才发现是十岁的小女儿。

小丫头不但为我盖好花毛毯,还绕着沙发走,左边拉拉,右边拉拉。盖好之后,又好像不放心,坐在对面的椅子上,一边看书,一边用眼角余光看我。我也眯着眼,偷偷看她。

十岁的丫头,已经蹿上了她妈妈的肩头,长长的头发,两膝并着,斜斜地坐在沙发上,活像个大人。

突然,她溜下沙发,轻手轻脚地走到我身边,把我胸口上的毛毯又拉正。

天哪!我竟然觉得自己缩小了,成了一个孩子。而我的小女儿则一下子放大了,成了我的妈妈。我想……

女孩子,真是天生的妈妈。

儿子应企业的邀请,回乡做巡回演讲。大概因为成为年轻人的偶像,电话响个不停,许多都是媒体邀访和上节目。

我的秘书就忙上加忙了,一下子为媒体寄书,一下子为我儿子接通告。上午有节目,她会一早打电话,催少爷起床。两个访谈接得紧,她会先算好路线,告诉少爷录完上一个节目,可别拖,快快跳上车。

有一天,遇到个流行音乐界的朋友,我笑说:"我的秘书快要改行做明星的经纪人了。"接着摇摇头,

"不过她太婆婆妈妈,不适合。"

那朋友居然叫了起来:"婆婆妈妈才好哇!哪个明星不像孩子?愈成名,愈脆弱,愈空虚,愈会耍脾气,就得有个婆婆妈妈,又会啰唆,又能软硬兼施的人来管他们。"

他的话令我想起一个学生,结婚二十年了,两口子都是高学历,却一事无成。那男生的妈妈说得好——

"我这儿子从小因为我管得严,所以没了主见。什么都听女生的,以前谈恋爱,听女朋友的;后来结婚,听太太的。偏偏他太太也依赖性重,什么都要听他的。结果碰上好机会,你看我,我看你,下不了手。接不接?彼此问来问去,机会早跑了。"叹口气,她说,"其实有些男孩子,无论长多大,都要个女人管,小时候妈妈管,大了太太管。娶哪一型的太太,先得看自己的个性。温顺善良的小女人,有时候还不如凶巴巴的泼妇有帮夫运。"

从她讲话的样子,我猜她就够凶。她的学历不高,但是很固执,丈夫什么都听她的,居然事业宏发。

有一天翻米兰·昆德拉的小说《不朽》,里面一个女孩说:"女人的一生就是从上一个家,到下一个家。"我笑了,想起学生妈妈的话——男人的一生,就是从上一个妈,到下一个妈。

最近买了一本由陈黎和张芬龄合译的智利诗人聂鲁达的《一百首爱的十四行诗》。

先翻书前的聂鲁达小传,真有意思,这位获得诺贝尔文学奖的伟大诗人,结过三次婚。第一次娶了一个荷兰裔的爪哇女人,六年后就离婚了。

第二次,聂鲁达认识了一个大他二十岁的卡丽儿(Deliade Carril),两个人陷入热恋。卡丽儿居然鸠占

鹊巢，主动搬进聂鲁达的家，把那爪哇女人逼走了。

大二十岁，就是不一样，卡丽儿成为聂鲁达的恋人、导师和母亲，带他结识许多艺术界的名流，并加入共产党。

不过十五年后，聂鲁达又和一个年轻女歌手玛提尔德恋爱了。这女人躲在暗处，跟着聂鲁达夫妇做"平行旅行"。也可以说她偷偷地跟着聂鲁达，漂泊、偷情。

《一百首爱的十四行诗》，也就是在那时完成的，直到七十岁的卡丽儿终于发现，离了婚，两个人才敢公开。

读到这儿，我心想，聂鲁达一定是个有恋母情结的男人，所以他会娶妈妈般的卡丽儿，而且即使有了新欢，也不敢拂逆"妈妈"，依然随侍左右，过着偷情的日子。

只是我又想，聂鲁达后来为什么不再恋母，而爱

刚刚好的幸福

上年轻的玛提尔德呢?翻阅那一百首意境幽远又热情无比的情诗,翻到第二十一首——

> 用你的芳香阻隔这个月的光,
> 用你的头发关闭所有的门。
> 只求你别忘了,我若哭着醒来,
> 那是因为梦见自己是迷途的孩子,
> 穿过夜晚的树叶,寻找你的手……

再翻,第二十二首——

> 你就在我身边,
> 我抚摩了你,
> 我的生命
> 停止……
> 你立在我眼前,

女王般统治着……

突然间,我懂了,聂鲁达只是从一个年老的妈妈身边,移转到一个年轻妈妈的怀里。

年轻的女子,可能更有他童年时母亲的胸脯,可能更有他记忆中妈妈的臂膀,可能更在他生命之火将熄的时刻,能为他奉汤喂饭……

参加一个朋友的晚宴。

在餐桌上,一群男人大声地敬酒,大口地吃肉,几个太太则跑进跑出地端盘子、上菜。

吃完了,男人们叼着牙签,大摇大摆,到客厅聊天去了,一群女人又忙进忙出地收拾。

我坐在客厅最里面的角落,正可以看见餐厅和厨房。只见那些太太,一边擦桌子、洗碗、罩保鲜胶膜,一边聊天。

刚 刚 好 的 幸 福

"我老公啊，笨得连水开了都不知道。"

"我老公啊！有一次我回乡，给他把菜一盒一盒装好，写上星期几、星期几，他只要放进微波炉热热就成了，你们知道吗？其中有两天，他有应酬，居然那两天的那两盒菜，他就没动。明明里面有他最爱吃的东西，他也不知道打开来看看。"

"是啊！男人们都可能是工作的天才、生活的白痴。"

"幸亏我们女人活得长，不然，不是我们前脚死，他们后脚娶，就是后脚也饿死了。"

听着听着，就如同读聂鲁达的诗，我懂了。

表面看起来，那是一群大男人和一堆小女人。其实在女人的心里，男人不大，男人是小小的，如同她们的孩子。她们爱男人，疼孩子，宠丈夫。

突然浮上女儿那天为我盖毛毯的画面。

"搞不好……"我想，"在那十岁小丫头的眼里，我也成了她的孩子。"

仲夏之爱　　早春之爱　　晚春之爱　　暮秋之爱　　冬之爱　　四季之歌

暮秋之爱

最美的叶子在暮秋，

不舍，不舍，

还是告别枝头……

如果婚姻是场游戏

社区里有个邻居,一年多前突然变样了。草不剪,树不修,连屋顶上的石片瓦掉了,也不补。

"她不是室内设计师吗?怎么瓦掉了都不补?"有一天我对妻说,"提醒她一下,搞不好哪天漏水。"

"已经漏了,"妻笑笑,"她知道。"

"知道为什么不补?"

"因为正闹离婚。"

最近经过那家,眼睛一亮,新换的瓦,新铺的草,还新栽了许多花。

"是不是和好了?"我又问妻。

"不是和好,是已经离了,所以开始收拾家呀!"

看我不懂,妻大笑了起来:

"以前她不整,是因为正在分财产。房子是她的,丈夫却得分去一半,律师会来估价,然后除以二,由她付现款给离婚的丈夫。房子愈破烂估价愈低,所以她存心让房子破。现在离了,开始交男朋友了,当然得好好修理。"

果然常看见她花枝招展地跟不同男人出出入入。非但如此,她还四处张扬:

"我最近交了个开法拉利的男朋友。"

"我今天要去参加盲目约会(blind date,意思是跟完全不认识的男人约会)。"

"我最近去照紫外线,还去隆了乳。"

我相信附近的丈夫们,都不太喜欢老婆跟她聊天,免得太太受到她"女人离婚好自在"的负面教育。

但是我也相信附近的太太们更怕丈夫遇见她,因

为她成了可怕的"单身公害"。

看到她,使我想起上一栋房子的前屋主,也是因为离婚,而把房子卖给我。

过户那天,那老女人签完字,就掩着脸呜呜地哭了起来。她的丈夫则不断地拍她、劝她。

那一幕,我很难忘。因为感觉太怪了,男人离婚,拿着卖房的一半钱,跟个年轻女人搬去了新泽西,据说住得比他卖掉的房子更漂亮。

女人也拿到一半钱,只是搬去了廉价住宅区,用那二分之一的钱,买了个二分之一的房子。

他们分到的钱完全一样,之间的不同,是因为男人再娶的女人有钱,两个人加起来,更富有了;女人则没有新对象,所以一切都变成原来的一半。

好莱坞的分分合合不也如此吗?大家离来离去,再娶再嫁,找的都是财力相当的。

刚刚好的幸福

为什么？因为原来有一千万的人，离婚之后成为五百万，如果再找个五百万身价的另一半，还能维持一千万的排场。相反的，假使找个一百万身价的，五百万加一百万，就一下子变成只有六百万了。

比华丽山庄很现实，当他搬离"比华丽"，不能再比以前那么华丽，就可能失去许多"比他华丽"的朋友。于是他的身份降了级、朋友的身份降了级，他的片酬也可能降了级。

更可怕的是那群朋友的圈子里少了他，看不见他，想不到他，他也可能失去许多片约。换作谁，再娶再嫁不是也得考虑"门当户对"吗？

或许中国传统的"门当户对"，也是为了让孩子在生活上比较有保障吧！

几家财力相当的人，联了姻。我的女儿带着我给的一笔嫁妆去了你家，你的女儿带着一笔嫁妆去了他

家，他的女儿又带着一笔嫁妆到我家。

好像过年，朋友往自己孩子怀里塞红包，赶紧把孩子叫过去，打开红包，掏出钱，再塞进新的红包，出去塞给对方的孩子。

礼尚往来，你来我往，只是交换礼物，这跟美国式的离婚分产又有什么差异呢？

于是可以了解，怪不得每个社会都有他们的规矩，因为在这个规矩下才能公平，只是这个公平之中也有不公平。

最近看到一篇报道，在印度一年有几万名新娘自杀，原因是嫁妆不够，受到公婆的虐待。报道又说有更多年轻的女孩，只因为父母筹不出她的嫁妆，而嫁不出去。有些只好操淫业，赚足了钱，再出嫁。

一个父亲哭诉他有四个女儿，却没儿子，倒不是发愁没有儿子继承香火，而是因为如果有儿子，娶了

刚刚好的幸福

媳妇,媳妇带来陪嫁的金饰,能转交给一个女儿,使那女儿嫁得出去。

由此可知,因为儿女的不同,而有了不公平,如同过年给红包,没小孩的人注定得吃亏。

另外一种不公平,是因为游戏规则不统一。

譬如有一儿一女的中国家庭,儿子娶华人女孩,女儿嫁白人丈夫。

中国人娶媳妇是男方花钱,于是花掉父母一大笔银子。偏偏美国白人嫁女儿又有个习俗,是整个婚礼都得由女方包办。

结果,娶了媳妇、嫁出女儿,两老可能得举债度日。

看《美丽佳人》上的"时人专访"。记者问祖国大陆名作家阿城:"听一些在美国的祖国大陆女性朋友

说,她们在几次婚姻里,学到的不是爱情,而是如何争资产,你觉得呢?"

阿城回答:"是啊!你说什么'两人相爱到一定程度就得结婚',其实是说'我们若相爱到一个地步,就该进入一个经济制度'。"

"进入一个经济制度",阿城说得多么直接!但是细想想,婚姻关系是两个人共同生活,要养孩子,要缴贷款,要为以后打算,哪件事不是经济?两个人"相濡以沫",总要"你濡我","我濡你",有来有往,那又何尝不需要一种制度?

也想起吴淡如的一本书名——《爱情以互惠为原则》,同样一箭穿心地说出了男女的关系。

所有的爱,无论开始的时候多么超现实,到头来总得落实在生活之中。婚姻带给了我什么?另一半对我有什么好处?我们有没有共同的意识,能带着我们走未来几十年的路?

当然，这几十年如果走不下去，也得有个"互惠"的"经济制度"，让我们好聚好散，再聚不难。

每次我经过那邻居的家，看到她的前夫等着孩子上车，看到她等着上新男朋友的车，就想：婚姻真是人类最基本的游戏，能玩得好，玩得高兴，全赖双方遵守游戏规则。离婚也是一种游戏，只要离开前能好好清点，何尝不是双赢？何尝不能喜剧收场？

再婚只是换了一条船

在台北看电视综艺节目。

一个曾经红极一时的男歌星,受邀为评审,并且接受了主持人的访问:

"谈谈您这两年的生活吧!"

于是原来有说有笑的男歌星,收起脸上的笑容,由他自巅峰跌下深谷的境遇,讲到人生的无常和人情的冷暖,最后则谈到他现在的婚姻。

"我觉得老天对我太好了!"他突然止住,哽咽着说不出话,在现场观众的一片掌声之后,才压住激动的情绪,"它给了我一个好太太。"

电视里掌声又起,只是电视外却有人骂:"算了

刚刚好的幸福

吧!他离几次婚了?甩了多少太太了?谁知道有一天再得意之后,会不会又把这个老婆离掉!"

那男歌星和我朋友说的这番话,倒使我想起美国前总统里根夫人最近在电视上的一段访问。

当主持人问南希"里根的阿尔茨海默症已经日益严重,所幸有您照料,请您谈一谈在你们过去几十年婚姻中最值得提的一件事"时,南希淡淡一笑,简简单单地说:"我最值得一提的,是我有了朗尼(里根的昵称)。我能跟他在一起,才能有后来这许多美好的日子。"

当时听到这儿,我也想:里根不是离过婚的吗?南希今天这么说,换作里根的下堂妻简·惠曼,又要怎么讲呢?

离婚这件事很妙,你永远可以从他上一段婚姻的

角度来批评,所以许多离了婚的夫妻,在签协议书的同时,也把以前的朋友离掉。

于是,两个人各自找寻新的伴侣,也各自建立新的友谊。许多后来的朋友,只当那是初婚的夫妻,完全不知他或她的过去。

直到有一天,遇到个知道内情的人,才可能发现眼前这对神仙眷属,原来也经历了许多沧桑。

说到往事,向着前妻的人,总会说:"那女人多好!多贤惠!只恨碰上没良心的丈夫。"

向着前夫的人,则可能说:"唉!他们离婚也有内情,外人以为男人变心,其实谁都受不了那种女人。"

循着这个道理想下去,无论那位男歌星、里根,或任何一个再婚的人,我们不是都能从两方面来看吗?

当我们为"一边"举杯道贺时,不是总可能想起在某个黑暗的角落,正躲着一个落寞的"失婚"者

刚 刚 好 的 幸 福

吗?除非那离婚能做到"拆散一对怨偶,成就一对佳偶",否则,总有一方成为诅咒的对象。

想起我以前的一个邻居。年轻时在老婆的帮助下,男人事业宏发,十分得意。有一天,却突然离婚,娶了公司一位年轻漂亮的小姐。

那年轻女人"入主"之后,每次进出大楼,都有人指指点点,说她是图男人有钱,要男人甩掉糟糠妻,娶了她。

可是,没几年,男人中了风,事业一下子垮了。

他年轻的妻子也变了样儿,原本光鲜时髦的打扮改为粗服乱头。总见她扶着半身不遂的丈夫出去看病,总见她匆匆忙忙地送孩子上学,去市场买菜。有时候跟她在电梯里相遇,不再是过去浓浓的香水味,而是浑身的油烟味。

邻居的诅咒也改变了。大家开始赞美,说这女人真不简单,男人穷了、病了,不再能养她,由她养,

她居然还心甘情愿地留在男人身边。

我以前在艺坛的一位忘年之交,也有类似的境遇。

五十多岁的他突然跟老婆离异,找了个小他二十多岁的女人,而且生了个儿子。

他和前妻生的孩子我认识,提到他们的老爸,一个个咬牙切齿,他们从不跨进"那个门",从不理睬"那个女人"。

这位艺坛的朋友,倒是关怀前妻生的子女,当他女儿来美时,还特别打电话请我照顾。

十年前,他病了,查出是肺癌。据说自从他知道病情,就把他制作颜料的方法,一点一点教给他年轻的妻子,并且为她铺好销售的管道。

然后有一天,他从南京东路的一栋高楼上一跃而下。

我的书桌上摆了许多那位朋友做的颜料,我也总

刚刚好的幸福

是经过以前住过的那栋楼。据说他的颜料还在市面销售,据说中风的那个邻居已经搬去了乡下。

我常想到他们,想到他们以前的另一半,也想到老朋友们的闲言闲语和新婚夫妻的鹣鲽情深。我不知道他们的对与错,只知道婚姻就像坐船,两人同船一段路,一个人可能先下船,上了另一艘船。

那艘船可能大得多,单单荡出的水波就足以把原先的扁舟击沉。

大船扬着帆、展着旗,去了浩渺的大海;小船敛了桨、收了帆,仿佛野渡无人舟自横。

都是船,都远了,都有各自的命运与旅途,谁知道下的这条是不是"宝船",上的那艘是不是"贼船"。

在人海中,每个人坐他自己的船。我们都是过客,不是永远的居民。就看它潮去潮涌、帆起帆落、人来人往吧!

不必怨恨,不必批评,不必偏袒。

当你们不得不分的时候

有个老学生,结婚没多久,就跟他太太吵架,一吵架,两口子就找我评理。妙的是,八年下来,我已经不记得为他们调解了多少次,每次只要我把两个人分别拉到一边,劝几句,两个人就好了。有一天,那男生甚至说:"老师!您知道吗?我跟我太太能维持到今天,全靠您。"

只是最近,这句捧我的话,突然变了调:"老师!要不是为了您,我早跟她离婚了。"

我当时一怔,问他:"你离不离婚,干我什么事呢?"

"当然与您有关,每次我想到您过去为我们花了

多少时间,费了多少唇舌,就把气吞下来了。"学生说。

我笑笑,问他:"那么有一天,你如果气坏了,气得脑出血,也是我这老师的错喽!"

最近,他们两口子闹得更僵了,我劝了几次,无效,特别给男生写了封信,觉得还有几分道理,也说出一些怨偶的问题,把它刊出来,供大家参考——

亲爱的××:

今天我很伤感,因为发觉你们可能非分开不可了。

但是我这个伤感,又能变得很平静,因为"哀莫大于心死",我知道劝了八年,到今天,我是真正地"无能为力"了。

其实在你们两口子的身上,我更看到了这种

心死,是你们的心死,使我知道"时间到了"!

回顾过去的八年,你常来我这儿说她的不是,她也跟我数落你的不对。每次你们来,都有着激动,都讲自己的"有理"和对方的"无理"。

我每次也都静静听,然后为你们分析两个人的"有理"和"无理",你们似乎都能听得进去,各让一步,彼此道歉,甚至接着去看电影。

你以为我"调停"成功,真是因为"说得有理"吗?

错了!我必须告诉你,这世上谁都能讲理,就是夫妻不能讲理。因为夫妻之间,有个比"理"更大的东西,就是"情"。

凭什么两个八竿子打不着的陌生人,甚至家庭背景、知识水平完全不同的人,能够没几天,成为世界上最亲密的终身伴侣?

这终身伴侣、夫妻关系、男女"接触",实

在是整个社会最基本的结构。有了它,组了家庭,生了孩子,置了产业,彼此扶持,人类的文明才得以展开。

但是无论人类的文明变得多么文明、多么进步,却始终无法改变那最基本的"结合要素",也就是——爱。

男女的结合,绝对是因为爱,而很少是因为理。也就因此,当夫妻之间能够讲理的时候,实在因为有爱;当他们之间的爱产生变化,理也就很难说了。

相反的,当夫妻真正冷静下来,一五一十、一百一千地算计财产、评论是非的时候,那爱也就不知道跑到哪儿去了。

所以有人说:"朋友容易维持,夫妻难于相处。"又讲:"相爱容易,相处难。"这当中的道理

刚刚好的幸福

都是因为朋友之间能讲理,夫妻之间讲理却难上加难。

说到这儿,你应该明白了,我为什么不再为你们调解,不再为你们说理。

因为我发现——你们之间已经没了爱。

想起八年前,你们热恋。那时候,你大概因为工作太累,有严重的口臭。

有一天,我坐你的车,她坐在前座。每次你说话,我虽在后座,都可以感觉到你的口臭。可是,一路上,我却看见她不断偎在你的肩头。

我当时想,天哪!她怎么好像嗅不到你的口臭。但是跟着,我想通了——因为她深深地爱着你。

隔一阵,你们果然结婚了。参加你们的婚礼,你笑嘻嘻地四处敬酒,口臭没了,脸色红润

了,连皮肤都变细了。我还听说,她一次为你买了五套西装。

你记得吗?我那阵子常问你:"谁给你买的皮带?""谁为你挑的衬衫?"

你的答案全是"她"。

我发现你的品位进步了,你整个人的感觉都不一样了。为什么?因为爱。

或许你要怨我,既然已经觉得你们会离婚,又何必重提往事。

我是存心要提的。因为当我发现你们彼此不再有感觉、不再有爱的时候,你们也就开始怨、开始恨,开始"否定往事"。

一个人否定往事,有什么好处呢?那往事是你的黄金时代,当你把自己的青春岁月、黄金时代,全说成"瞎了眼""白过了"的时候,对于

刚 刚 好 的 幸 福

你的人生,有什么正面的意义呢?

成熟的人承认错误;成熟的人,不否定过去,即使譬如"昨日死,今日生",那昨日依然曾经存在。

所以,在这个看来已没有情的时候,你还是应该冷静下来,想想过去的恩。

谈到"冷静",我很欣赏西方国家在离婚之前先分居一段时间的做法。因为我发觉正如流行歌曲说的,"思念总在分手后",当两个人不再天天聚首,生活上平淡了,环境上冷清了,也就能静下来重新想想过去的种种。

所以你注意的话,会发现许多离了婚的人,刚分开的时候会觉得对方一无是处,日子久了,却可能渐渐改变观点,检讨自己的不对。

还记得吗?你在学校读过的古诗——

"上山采蘼芜，下山逢故夫。长跪问故夫，新人复何如？新人虽言好，未若故人姝。颜色类相似，手爪不相如……"

这不是正讲新不如故吗？

还有，前些时日过世的美国棒球之神迪马乔，他在跟玛丽莲·梦露离婚之后，仍然处处护卫着她。在梦露被关进精神病院时，是向他求救，并由他到医院拍桌子大吼："把老婆还给我！"

梦露死后，是谁每天派人送一朵新鲜的玫瑰花到墓前？

是迪马乔啊！

想想这些人，他们离了婚，也可能在离婚之前反了目，但是情没有了，仍然有恩。

为什么有恩？因为他们没有否定过去相爱、在一起的日子。

刚 刚 好 的 幸 福

这也就是我建议你搬出去的原因。搬出去，能使你冷静；搬出去，更能给你空间，有空间思考，也有空间修补你心灵的创伤。

对的！心灵的创伤。

离婚的人，无论错在何方，谁都没错，或谁都错了，受伤的总是双方。

如果你受了伤，还天天面对面，那伤口就总是被揭开，难以愈合。所以天天冷战，住在一起，却形同陌路的夫妻，远不如分开对彼此的伤害少。

正因此，当你说你坚持不签字、不搬走的时候，我说那不够聪明。

你可能想："你要我死，我也要把你拖下去死。"问题是，你真拖得下去吗？当有一天，你拖累了，自己又不想死的时候，却也已经老了。

你以为可以占着那个巢，冷战到底，不给她

好日子过，岂知自己也因此没了好日子，甚至失去了机会。

更重要的是，我们应该活在宽恕之中，还是活在仇恨之中？你们既然没有孩子，发现实在处不来，而且没了情、没了感觉，何不大大方方地给彼此一个空间，也给彼此一些机会？

"君子绝交，不出恶声。"夫妻离异，也应该不出恶声。如我前面说的，夫妻之间常不能说理，因为有个"爱情"总挡在中间。当有一天，居然能一桌一椅地分财产，才真正是没了爱情、可以讲理的时候。

你说你们之间已经完全没了爱，现在可以说理了，就不要再做意气之争，去论谁是谁非了吧！

论出来是非，又有什么用？有讨得回的公理，难道也有讨得回的爱情吗?

如果要论理,就静下来,谈谈分居的事吧!谈谈怎样把两个人分开的伤害减到最小,也想想怎样把夫妻的爱,转移为朋友的情。当你们能平静、泰然、以朋友相待的时候,不单你们见面容易,四周的朋友也会觉得轻松。最起码,有一天,你们在我这儿相遇,我不会不知所措啊!

写到最后,我要说个去年在美国《世界日报》上看到的报道:

在英国,有一对离婚二十年的夫妻,居然每年一起旅游十几回,总共旅游的次数已经达到一百五十次。他们是在离婚后半年,开始在电话中谈到可以一起出去逛逛而开始旅游的。于是两个人一同计划、一同用夫妻的名义订房间。

看了那则报道,我常想,这对夫妻是真不相

爱,还是不能相处?是不能相处,还是不能朝朝夕夕柴米油盐地在一起生活?

希望分开之后的你们,有一天能够重相聚,就算不能再一起生活,也能一起像那对美国夫妻般,成为一同出游的朋友。

当然,我也祝福你们各自找到另一片天空,然后四个人来我家,有说有笑。

那将多有风度!多么热闹!

仲夏之爱　　早春之爱　　晚春之爱　　暮秋之爱　　冬之爱　　四季之歌

冬天很冷，很峭，很凄清。

冬天也很纯，

很白，很安宁……

臭皮囊的联想

"我死了,什么仪式都不用办,就烧烧,装个盒儿,带回家乡,把你爹的坟挖个口,塞进去,就成了。"

九十岁的老母,有一天放下报纸,隔着她厚厚的老花镜对我说,突然又话锋一转:"唉!可是听说烧骨灰是很惨的,烧着烧着,死人还能坐起来,不知道有多疼。"

"疼,总比土葬好,让几千万条小虫,一口一口地啃。"我笑笑说。

据说佛家有一种修炼的方式,就是放一具尸体在

刚刚好的幸福

眼前,看着它由出现尸斑、发黑、肿胀、撑破尸皮、流出尸水,到被蚊蚋蛆虫寄生,最后剩下一具枯骨,于是悟道——人不过是个臭皮囊。

这腐烂的过程,我不曾见过,倒是常想棺材里的尸体是怎样化为白骨,想那上等的寿材、西式的铜棺,如果做得密不透风,尸体是不是就能不腐?中国人常说"住在杭州,吃在广州,死在柳州",那柳州的棺材又能怎样"保鲜"?

直到去年姨父过世,棺木垂入墓穴时,二表弟转头对我说:"你看,那棺材下面打了两个洞,是为了让尸水流出来。"我才想通,其实多好的棺材都防不了腐,既然做不到,人们也就宁愿让那尸体速腐,使得白骨早早呈现,尸臭早早消散,有一天开棺捡骨,也才能干净利落。

捡骨是个专门的学问,据说捡骨师都一代传一代。会捡的人,如同庖丁解牛,自然知道哪块先捡,哪块

后捡,又该如何放置,于是一路"按部就班"地捡来,恰巧装满一罐,且留下一个不大不小的空间,刚好摆下头颅。换个不会捡的人,可能两罐都装不下。

我九岁的时候,就捡过骨,但不是捡棺中的骨,而是捡父亲的骨灰。从火葬场的炉子里拖出一个大大的铁盘子,盘里一片白灰,有大块,有小块。母亲教我用筷子一点一点地拨,看到成块的,就放进骨灰匣。

到今天我还记得很清楚,那时候我一边捡,一边想,多大的骨头要捡起来?多小的又能不要?等捡完了,盘子里还剩一层细粉,我没捡,后来是不是全倒了呢?那里面会不会还有小块的骨头?那白粉当然也是父亲遗体烧成的。如此说来,我那小小的骨灰匣子里装的父亲,怎么可能是个完整的父亲呢?

我这疑惑也是这几年才解的。

因为我曾听人说过,有些人去世之后,被特别安

刚 刚 好 的 幸 福

排在新建的火葬场火化,因为没人用过,所以骨灰不会跟别人的混在一起。

这话说得多么明白!反过来想,表示一般人火化之后的骨灰,多多少少会与"先人"和"后人"的混在一起,造成"你泥中有我,我泥中有你"。如此说来,骨灰基本上已经不纯正了,既然那小小的骨灰匣中装的不能百分之百纯粹,甚至说已经丢失了大半,又有什么好重视的呢?

"尘归尘,土归土(Ashes to ashes, dust to dust)。"洋人在葬礼中说得真好,然后每个人除了抛下鲜花,也抓把泥土撒下去,表示"你安心地去了吧!回归为泥土与灰尘"。

只是当土葬时,完完整整的一具臭皮囊,占了一大块地,还摆在一个厚厚的棺材里,要到何时才能成为大地的一部分?至于现在的灵骨塔也差不多,里面

中有大殿，侧有长廊，再如银行保险金库一般，一格一格密封锁死，香烟缭绕，恒温空调，又要到几时才能"尘归尘，土归土"？

还是前几年上我二姐的坟时，墓园风水师说得有理——"就算是骨灰，也最好用木材、陶瓷或石头的罐子，而且最好能埋在地下，或贴着地面，让死者的气跟大地的气脉相通。什么是好风水？气通了，死的人泰泰然然地走了，没了，就是好；死的人气不通，不安，走得不顺，就是坏风水。"

只是当我问，这么说，直接撒在土里，立刻融为大地的一部分，岂不更好？他却答不上来。我又问："海葬如何？把骨灰直接撒在海里，这风水该如何看？"他怔了一下，隔了半天，苦笑着说："就无所谓风水了，应该不好也不坏。"

"不好不坏，不就很好了吗？"我又问。他却

刚　刚　好　的　幸　福

面色一整:"但是也就不能给你带来特别的财运官运了!"

于是我终于弄清墓葬看风水的道理,那不是为了让死者睡得舒服,实在是为了让生者活得发达。怪不得古人说:"买山原不为亲谋,只为功名富贵求;须知人间好风水,不在山头在心头。"

自从有了这个谅解,我就常想,死后何不葬在自家后院?接着又想——其实烧成骨灰,放在书架上也无不可。只是再想想,葬在后院,改天搬家,如果子孙不孝,不带我走,怎么办?放在书架上,如果我先走,老婆又交了男朋友,每日亲亲爱爱,看见我正冷眼旁观,又是多么碍眼。想必千万年来,人们多半把死者葬在墓园,而不留在家里,都是这个道理。

当然也有些例外,比如印加民族,据说他们不但把亲人的尸体做成木乃伊,而且带着走。遇到家族聚

会,甚至把先人的尸体也放在会众之间。

于是,我有些羡慕印加人,觉得那才真有人情味,但不知他们的木乃伊是如何制作,会不会也像古代埃及人涂上各种防腐料,厚厚地缠上布。抑或他们采用风干的技术,像某些民族,把尸体放在树上。

我倒是看过新几内亚原始民族的奇景,一群风干的尸体被放在木架上。

另外一种情况,听起来就更可怕了。那是我在美国电视 NOVA 频道上看到的,亚马孙地区的 Yanamani 族人,先架上柴火,哀哭着把尸体放在上面,再点火,烧成骨灰。这乍看十分可怕的习俗,细想想,不也有它深刻的人情味吗?

什么是永生?永生就是死者不死,继续以另一种方式存在。永生不是单一个体的永远不死,而是物种的生生不息。永生像草地,总绿;像多年生的花,冬

刚 刚 好 的 幸 福

天总死,来年总开;像夜里望去大校公寓的窗子,总明明灭灭,总有灯在亮着。永生也像法国梧桐的叶子,上一片叶子掉了,就在它掉下来的那个点上,已经看到下一片叶子的叶芽,等着第二年荣发。所以永生就是不断换的牙齿,下一颗顶掉了上一颗。每一颗牙的掉落都有着摇动,有着疼痛,有着流血,有着空虚,然后,变得更美。

有哪颗新生的牙齿,会问那掉落牙齿的去向?又有哪颗掉落的牙齿,能左右新生的牙齿呢?所以对尸体可以像对牙齿一样,或是留起来当个纪念,或是扔了只当不存在,或是和着血吞入腹中。

最近在美国报纸上看到两张美联社的照片——

一张是芝加哥古德曼剧院的艺术总监,笑嘻嘻地捧着已故男演员戴尔克罗斯的头骨,打算作为日后莎翁戏《哈姆雷特》的"真实道具"。这是遵照克罗斯

三月去世时的遗嘱做的——死后把遗骸捐给戏院,做道具之用。

另一张是两位花白头发的人,望着远处的夜天,黑黑的夜幕上,正蹿升一道光束,绽放成一朵灿烂的烟花。

照片下写着:骨灰升天。美国著名火箭飞弹设计师柯托斯基,去年夏天去世了,他的儿子小柯托斯基与其妻遵父命,在旧金山湾把老爸的骨灰做成烟火爆放,名副其实地"升了天"。

最近也在台湾地区的电视上看到两个震撼人心的画面——在全省医学院都缺大体解剖的尸体时,慈济医学院不缺,因为许多信徒的遗愿,就是把尸体捐出。

每具尸体都经过最好的保存处理,并在旁边挂着逝者生前的照片和简历。慈济的师生称这些尸体为"大体老师",因为他们像老师一样,贡献出自己,用自己的肉身，教育下一代。

也看到另一则特别报道，一群国外的医生，正教导中国台湾地区的医生做最新的脑科手术。

手术台上躺的不是活人，也不是"大体"，而是一个个固定好的头颅。这一颗颗有白有黑的头颅是外国医生带来的。他们知道在中国台湾地区不容易找到那么多尸体作为教学之用，只好自己从美国募集头颅。

都是活生生的人哪！那一颗颗头颅，居然就用他们活着时候的大脑思想，决定死后把自己的头颅捐出来，让医生带着漂洋过海，到地球的另一边，锯开头盖骨，再切开脑，摘出脑髓，放在盘子里，供人学习。

死竟是可以如此豁达，尸体竟是可以如此慷慨。这世上有什么豁达与慷慨能与此相比呢？活着的时候，连打一针都怕疼，死后却能交出去任人大刀切割。他用他的死，使别人不死；用他的肉身救别人的肉身。

不知为什么想起周梦蝶的一首诗——

没有惊怖，也没有颠倒，
一番花谢，又是一番花开，
想六十年后你自孤峰顶上坐起，
看峰之下之上之前之左右，
簇拥着一片灯海——
每盏灯里有你。

刚刚好的幸福

我愿随波去

突然之间,以前在一起玩的朋友都到了"后中年期"。

后中年期的特色是由网球转为高尔夫球,是由炫耀财富变为炫耀胆固醇的指数。后中年期有了"新玩具",是一伙人轮流拿着那玩具往胳膊上套——量血压!

后中年期还有个特色,就是拿"死亡"开玩笑——

"我早就通过华埠老人中心买了块地。中国人埋在一块儿,凑麻将搭子也容易,最重要的是,活着讲英文已经够苦了,死了总希望中国人聚在一块儿,说

中文。"

"对!墓碑也要刻中文,不刻英文,这不是杂货店招牌,美国人总管不着,非要咱们中英对照了吧!"

听他们的话,眼前浮现一个新的"中国城"。跟那曼哈顿南边的中国城一样,红墙绿瓦、方块字,只是不知有没有烧腊的香味弥漫。正想着,有位老邻居的太太发言了,而且语惊四座。

"你们真笨!"她眼睛一瞪,"干吗花冤枉钱买地?我们家很简单,我跟那口子早商量好了,谁先死,就烧成灰,装个罐,放在床底下。反正活着的时候,喜欢一个睡上头,一个睡下头;死了正好,天天一个睡在一个上面。多棒!

一屋子人全笑歪了。

"你们没看过笑话吗?"有人提出异议,"有个老奶奶把老爷爷的骨灰就放在床下头。有一天老奶奶不

刚刚好的幸福

在家,两个小孙子躲猫猫,发现那罐子,还以为是老奶奶藏的炒面茶,居然掏出来给吃了,不成!不成!我可不要被孙子吃了!"

大家又笑成一团,然后议论纷纷,有人说应该埋在后院里野狗挖不到的地方;有人说应该放在家里的最尊位,高高地供在祖宗牌位旁边;也有人十分豁达:"咳!吃了正好,我还想建议老伴儿,我死了之后,家里种花,可以不用买骨肥(bone meal)了,需要的时候,只要打开我的罐儿,抓一把,往花盆里撒,就成了,保证花开得特别大。"

他这话倒使我想起有一次在英国小城里看到的墓园,有个墓碑平平地躺在地上,四周长了许多野花野草。那碑文写得妙——

遵从死者遗愿,骨灰平均地撒在这片土地上,请欣赏,请爱护,请勿践踏。

我当时看了很感动,觉得真是好点子,可是后来看到一则路透社的消息,更有意思。

一位加州的酒保克兰西耶斯基,七十四岁高龄辞世时,特别在遗嘱里留下一万美元,招待两百五十位亲朋好友参加。

参加者都享受了佳肴和克兰西耶斯基家酿造的美乐(merlot)酒——以他骨灰当肥料生长出的葡萄酿制的。

这做法不是比"不准践踏"大方多了吗?

另一个酒店更有意思——

1993年,一家在英格兰拥有十二家连锁店的小酒馆公司,发明一项新的服务:老顾客只要花五千三百英镑,就可以死了之后把自己的骨灰寄存在酒馆的吧台或高脚凳的底下,不但可以继续闻酒香,而且不会寂寞,因为可以继续活在酒鬼之间,听大家说小道

刚刚好的幸福

消息。

有个酒客说得妙:"更重要的是,我太太也常常到那里去,如果我的骨灰摆在那儿,她一定会常来看我。"

可不是吗!我少年时读唐伯虎的诗:"春夏秋冬捻指间,钟送黄昏鸡报晓。请君细点眼前人,一年一度埋荒草。草里高低多少坟,一年一半无人扫。"那时心里就总感叹活人为什么如此冷落死人。好像人一死,无论多么亲,都成了鬼,会青面獠牙地吓人,非被放逐到远处的坟场不可。

我九十岁的老母也常有这样的感慨:"咱们在台北深坑的墓园,交通方便不方便?要是不方便,我死了,你们去也麻烦,我出来也费力。"叹口气,"唉!要是孙子不回去看我,我还得坐飞机。"

"如果你不放心,就把骨灰分两半,一半存台北,

陪我死了四十多年的老爹；另一半存美国，陪你疼了几十年的儿孙。"我说。

"好主意。"老人家点点头，可是又一皱眉，"分两半怎么成？死了还让人分尸。"

1999年7月22日，空难丧生的小约翰·肯尼迪、他的妻子卡罗琳和妻姐萝伦的骨灰，被装在三个坛子里，由美国的海军驱逐舰"布里斯柯"号运到他们丧生处的大西洋，沉入海中。

美国的报纸上说："罗马天主教赞成土葬，但是也允许火葬。美国的天主教则禁止把骨灰撒在海里，如果非要海葬，必须把全部骨灰放在一个容器里，抛至海中。"

看到这则新闻，想起老母的话，或许他们也是基于"维持完整"的想法，而不准把骨灰撒进海里吧！

刚 刚 好 的 幸 福

当天傍晚,走到我家旁边的海湾,那长岛的海湾就连接着小约翰·肯尼迪海葬的大西洋。

海潮正上涨,一波一波拍打着沙滩,沙滩上有各种颜色的小贝壳、小石子,在夕阳下闪闪发亮。

"这里面会不会也有小约翰·肯尼迪的骨灰呢?"我想。突然觉得他们的骨灰被装在坛子里真是可怜,好比《天方夜谭》中被沉在海底千年的精灵一样,不见天日。

想想,如果撒下去的是骨灰,这海浪荡呀荡的,这海潮流啊流的,那散作无数微小颗粒的骨灰,总有一天会浮沉在世界的每个海边。

世界愈来愈小了,孩子们也愈跑愈远了,他们不一定有时间上山扫墓,也不见得有兴趣进同一家酒馆,但是他们四处漂泊时,都会越过海,看到海,他们都可能携家带眷地到海边戏水。

"我死了,要海葬,但不是装瓶沉入海洋,而是

把骨灰撒在大海里。"我对自己说,"于是有一天,我的孙子可能对他的孙子说,你摸到的海水里有你的曾曾祖父。"

而每当我的孩子思念我时,他们只要走到海边,摸着海水,就可以感觉到我的牵引、我的拥抱。

刚 刚 好 的 幸 福

当战争结束的时候

1997年3月25日,在日本鸟取县传出了一则消息——

一个去国五十一年的日本人蜂谷弥三郎,终于回到他的故乡,见到已经为他守了半个世纪的老妻久子。

五十多年前,在平壤一家兵工厂工作的蜂谷弥三郎,日本战败时被带到西伯利亚的劳改场。

七年后,他被释放了,可是在苏联克格勃的监管之下,他便以狱中学到的理发手艺维生。

在苏联待久了,俄语愈来愈流利,日子也愈过愈自然,取得俄罗斯国籍之后,他仍然没有离开。

直到1996年春天,一个远赴俄罗斯教书的日本

老师，听说这么一位日本老人，才终于安排蜂谷弥三郎回乡。

在鸟取县的车站月台，他紧紧拥抱别离五十一年的老妻，有着说不完的话。很难想象这俩老人，要用多少日夜，才能诉尽别后半世纪的点点滴滴。

可惜的是，蜂谷弥三郎不能在故乡久待，他必须很快地回到俄罗斯，因为在那里有他后来的妻子正在等待。俄罗斯已经成为他的第二故乡。

蜂谷弥三郎的故事，使我想起美联社报道过的另一个故事。

一个年过半百的日本妇人笹森，参加了纽约西奈山医院国际医学合作会议的褒扬会，会中颁奖给"广岛少女计划（Hiroshima Maidens）"的有功人员。

1945年8月6日，三岁的笹森正在外面玩耍，突然一阵漫天的大火袭来。爆炸的原子弹把她所有露在

刚 刚 好 的 幸 福

外面的皮肤都灼伤了。她的面孔扭曲变形,双手无法张开,整整十年,她躲在家里,怕别人看到她可怕的样子。

直到1955年,美国施行"广岛少女计划",把二十五位受原子弹之害的日本少女带到美国治疗,笹森才重新燃起生命的希望。

在1996年5月的褒扬会上,笹森接受了记者的访问,她说:"我心中没有恨,只有爱,因为美国人打开我的心房、我的思绪、我的感受,并且照顾我,让我成长。"

会议之后,笹森并没有回日本,因为她已经入了美国国籍,而今住在洛杉矶,不但早结了婚,而且有个做律师的孩子。

在《世界日报》上看到一篇杨爱民写的《抓兵记》。作者说五十多年前,兵一不够,就四处去抓。

"未逃的在一个单位待久了,便成为老兵或升为班长,然后他们再去抓新兵。"作者回忆,他就是被抓,当了兵,又出去抓别人。

有一天,作者在福建莆田的一个小镇上,奉命出去抓新兵。看见田间一个年轻的农夫,就和另外一位同僚过去围捕,经过一番追逐才在河里把那人抓到。

回到营区,连长用扁担把那人狠狠打了一顿,又用脚踢他的胸,令作者很不忍心。但是第二天,当部队出发时,那年轻的农夫已经乖乖地跟着大伙一起行进了。直到半个月之后,有一天在悬崖小径上行军的时候,那人又钻进丛林逃亡。

之后,作者到了台湾,做了医生。有一天,来个苍老的病人,看名字,再端详长相,才认出正是当年抓到的那个农夫。据说他逃跑之后,又被另一个部队抓走,所以到了台湾地区。

作者问他恨不恨。

刚　刚　好　的　幸　福

"恨什么?"那人笑笑,他已经在台湾地区结了婚,生了孩子,还开了家杂货店。于是,两个人成为好朋友。

看阿根廷获得 1985 年奥斯卡最佳外语片的电影《官方故事》(*The Offical Story*)。

故事是真实的,描写 20 世纪 70 年代右派军事政府对涉嫌颠覆的左派分子,进行"丑恶战争"时的悲剧。

九千名阿根廷和乌拉圭人失踪,大人不见了,孩子也不见了。原来阿根廷的警方经营了婴儿贩卖网,把关在监狱里的左派人士杀死,再把他们的婴儿,交给没有孩子的军人和警察收养。

电影里,一群失去子女、孙子女的父母、祖父母,举着"还我孩子"的标语牌在街头示威。一个领养了女儿的中学老师看到,怀疑她的孩子是丈夫非法抱来

的,于是到医院查询。

那老师没找到自己女儿的资料,却认识了一个一起查询的老妇。隔些日子,发现那老妇居然在女儿学校旁边窥视。

来自乡间的老妇,终于主动找到这位老师,颤抖着双手拿出她女儿、女婿以及女儿小时候的照片。

老师震惊了,发现自己领养的女儿,竟跟那照片里的女孩长得一模一样。她发疯似的回去问丈夫:"我们的女儿是不是你偷来的?"

真相大白了,她丈夫害死了那对年轻人,夺了他们的最爱。问题是,那个可爱的小女孩,又已经成为"他们"的最爱,而且难以分开。

都是战争的悲剧,都是岁月捉弄人。

千百年来,多少流浪的人,到了异域,成为异乡人,变为原乡人,再去收容来自他故乡的流浪者,且

刚 刚 好 的 幸 福

视后来者为"异乡人"。

然后,"异乡人"又成为"原乡人",喝那里的水,吃那里的粮食,埋在那里的土地下。

可能碑文仍用他祖先的文字,可能两种文字并列,如同他们活着的时候,用两种语言思考和交谈。

总想起那流落俄罗斯的蜂谷弥三郎,乡音无改鬓毛衰,只是故乡虽是故乡,也不再是故乡。乡音是"母语",却不是"儿语"。他的儿孙,早已不懂日文。

眼前也总是浮现蜂谷弥三郎在月台上离别的画面。五十一年念着他、守着他、姓他姓的久子,是有情,是老妻,但是当年短短的婚姻,怎能跟异乡另一段婚姻的几十年相比?

被强迫,被捕捉,被劳改,被监视,被软禁,都已经成了往事。如同挣扎过的野马,在被驯服之后,就习惯于新的主人与马鞍,就不再想念那"当年的原野"。

战争成为历史,历史只是发生,永不回头。

仲夏之爱　　早春之爱　　晚春之爱　　暮秋之爱　　冬之爱　　四季之歌

四季之歌

春发，夏荣，秋收，冬藏。
四季无论怎么变，总能达到一种均衡、
一种圆融、一种豁达、一种完满。
这，就是人生。

不完美的完美

太太说我最近总买"破东西"。

她这句话一点没错。

年初,到迪士尼乐园新开的"动物王国(Animal Kingdom)",在商品店里买了一个叫作"跳羚"的木雕。隔两个礼拜,东西运到纽约,打开来,吓一跳。长长的两只角,都断了。

打电话去迪士尼,对方说立刻派车来,把东西取走,而且全额退款。

放下电话,看看那木雕的断裂处,对回去,发现接触得很好,便拿做木工用的牛皮胶试着粘上。接着电话响,是迪士尼打来的,说如果我喜欢这木雕,他

刚 刚 好 的 幸 福

们还有一模一样的,要不要换一个。

"不要了,"我说,"我就喜欢这块木头雕的,深深的红木色身体,靠那尾巴的地方,颜色突然变成黄色,好像一只黄尾巴的跳羚。而且……"沉吟了一下,我说,"算了!我已经把断角粘好了,不用换了!"

到附近的纳苏郡美术馆,商店里陈列着许多来自墨西哥的土偶,一排又一排,每个都在唱歌或吹奏乐器。天真的表情、鲜丽的颜色,把我一下子拉回童年,想到父亲带我去打气枪时,架子上摆的小泥人。

父亲的枪法准,每次都能打中许多,小泥人从架子上坠落,掉进下面的网里,就成为我的收藏。

父亲死后,我还很小心地保存那些小泥人,看着它们,想逝去的欢乐时光。只是十三岁一场火,烧去了我的家,也烧光了我的小泥人。

我把墨西哥的土偶一个个从架子上拿下来,给太太看,又给女儿看:"多可爱的小泥人!"再拿着端详,念念有词。大概店员看我一副想买的样子,立刻过来问我要哪个。

我一个个比较,每个都不同,都想要,可是价钱不便宜。突然发现一个吹笛子的土偶,以及六个连在一起仿佛窃窃私语的泥娃娃,样子很生动,价钱却便宜得多。

"为什么这几个比较便宜?"我问。

"因为破了。"店员把土偶转过来给我看,果然两个泥娃娃是破了又粘回去的;吹笛子的那个,破了一块,大概碎得不成样子,所以就留个缺口,没有修补。

比来比去,我挑了破的,因为它们好像"一家人"。

到手工艺推广中心参观,看见一个化石瓶。那是

刚 刚 好 的 幸 福

用沉积岩雕磨出来的瓶子，表面浮现着许多亿万年前沉在水底的贝壳。

或许因为贝壳的硬度不同，中间又有空隙，所以在雕磨之后，露出许多坑洞。

我挑了一个，交给店员。

她放在柜台上，正要包，突然停住了，举起瓶子问："你真的要这一只吗？"

"是啊！"我说，"这只最可爱。"

小姐又看看我，笑笑，指着瓶子旁边："你可看清楚了哟！这下面有两个好大的洞。"

"反正到处都是小洞，我又不能装水，有洞没关系。"

小姐没再说话，一边包，一边扬着眉毛，用眼角瞄我，做出很奇怪的表情，大概觉得我有毛病。

接过包好的化石瓶，我对她笑笑："你知道吗？我就是看上了那些洞，看上了它的破。破也是一种

美呀!"

我确实喜欢破的东西,因为破的东西,让我能够发挥。

像是那只木雕的跳羚,我先清理断裂的切口,分别涂上胶水,而且一遍又一遍,使胶水能浸透到每个木纹之中。再将它们接合,用铁丝固定。

二十四小时之后,拿掉铁丝,用湿布擦去溢出的胶水,再调颜色,涂在接口上。除非我说,有谁能看得出经过修补呢?

话说回来,如果在店里已经折断,而且经过修补,我又岂能看得出,我不是也只当它是完美无缺的吗?

至于墨西哥的土偶,我回家,用补墙壁的石膏粉,灌进去,于是原来空心的土偶,变成实心的。我再涂上颜色,它不是比原来还要结实吗?

刚 刚 好 的 幸 福

还有那化石瓶,我带回了纽约,找了几枝长长的黄金葛,从瓶上的破洞穿进去,再在瓶里放个小塑料容器,里面加上营养液。而今黄金葛愈长愈长,从瓶子里伸出,又长长地拖到瓶子的四周,青翠与古拙,成为最美的对比,每个见到的人,都赞美我的慧心。

想起我的一个朋友,单身半辈子,快五十岁,突然结了婚。

新娘跟他的年龄差不多,徐娘半老,风韵犹存。只是知道的朋友都窃窃私语:"那女人以前是个演员,嫁了两任丈夫,都离了婚,现在不红了,由他捡了个剩货。"

话不知是不是传到了他的耳朵里。

有一天,他跟我出去,一边开车,一边笑道:"我这个人,年轻的时候就盼开奔驰车,没钱,买不起。现在啊,还是买不起,但是也买得起,买辆三手车。"

他开的确实是辆老奔驰。我左右看看说:"三手,看来很好哇!马力也足。"

"是啊!"他大笑了起来,"旧车有什么不好?就好像我太太,前面嫁个四川人,又嫁个上海人,还在演艺圈二十多年,大大小小的场面见多了。现在,老了,收了心,没了以前的娇气、浮华气,却做得一手四川菜、上海菜,又懂得布置家。讲句实在话,她真正最完美的时候,反而都被我遇上了。"

"你说得真有理。"我说,"别人不说,我真看不出来,她竟然是当年的那位艳星。"

"是啊!"他拍着方向盘,"其实想想我自己,我又完美吗?我还不是千疮百孔,有过许多往事、许多荒唐,正因为我们都走过了这些,所以两个人都成熟,都知道让、知道忍,这不完美,正是一种完美啊!"

不完美,正是一种完美。每次我修补自己买回的

刚　刚　好　的　幸　福

"破东西",都想:可不是吗?我们都老了,都锈了,都千疮百孔了,总隔一阵就要去看医生,修补我们残破的身躯。我们又何必要求自己拥有的每样东西都完美无缺呢?

残破,可以补的时候补;不堪补的时候,只当它不存在。就算那残破太显眼,看久了,看惯了,也就变成生活的一部分。

看得惯残破,是历练,是豁达,是成熟,也是一种人生的境界啊!

刚 刚 好 的 幸 福

制造石头和苦水的地方

四十年前,总看见"卧薪尝胆"的画面——一个穿长袍的人,侧身躺在木柴上,手里拿着一个从屋顶垂下的小东西,放进嘴里。

"这是越王勾践,为了报仇,他不睡舒服的床,躺在硬硬的木柴上,并且吃苦苦的胆,使自己能警醒,不要忘记过去的耻辱。"老师指着画说。

"睡在床上,吃胆,会变得比较强壮吗?"有一天,我忍不住问。

"不是为了强壮,是为了提醒自己,不要忘记复仇。"老师板着一张脸。

"勾践的记性那么差吗?"我又问,"而且胆那么

臭、那么脏,要尝,也不必尝胆,可以吃黄连哪!"

我见过胆,是在菜场的肉摊子上,一根绳子,高高吊着蓝蓝紫紫的一个小袋子。

"胆苦,不能吃,是用来洗头的。"我的母亲说,"用胆洗过的头发,又黑又亮,还不容易长虫。"

我没见过谁用胆洗头,但是每次想象,一个长发的女人把猪胆弄破了,将胆汁挤在头上,就觉得恶心。

胆的苦,我倒是尝过。食物中毒,呕吐时,胃里什么都吐光了,开始吐出黄黄的水。据说那"吐出的苦水"就是胆汁。

还有,在吃鱼的时候,吃到味苦的靠近肚子的肉,母亲会说:"杀鱼的时候,不小心,弄破了胆。"细看,那苦苦的肉,果然带一点黄。

黄疸,也可以在眼睛和皮肤上见得出。看病时医

刚刚好的幸福

生拉开病人的下眼皮,如果说一句"眼睛没黄",病人似乎就放心不少,表示肝没毛病。

胆跟肝有什么关系呢?

有一阵子我很不懂,后来看医学书,才知道原来胆汁不是胆造的,是肝的产品,胆只是帮忙贮存而已。

当然这"贮存站"也有它的工作,就是把肝分泌的胆汁浓缩,同时听肠的指挥,随时供货。

记得有一次在电视上见到介绍消化器官的影片,伸进小肠的光纤镜头,拍到黄黄的胆汁被注射出来的画面。一下一下,好像喷水似的。那喷水的力量,想必就是靠胆囊外面肌肉的收缩。

这下我也就了解,为什么有胆结石的人不能多吃油炸的东西,因为油炸的食物需要大量胆汁来消化,胆里如果有石头,再拼命地收缩,石头挤来挤去,当然会痛。

这痛,我也知道,而且"常常"知道。先是隐隐

约约,由右背后方觉得不对劲,渐渐变成胃痛。起先我总以为是胃酸过多,猛吃胃药,直到最近照超声波,才知道是胆结石的疼痛。

"检查报告上说,你的胆里有极多一公分以下的小石头。"医生把报告递给我,又强调了一遍,"Numerous(极多)!幸亏你那次旅行发作得不严重,否则送到医院,你早没胆了。"他笑笑,"不过没胆也没关系,胆囊割掉没什么影响,有些人天生没胆。"

提到那次旅行,我又要隐隐作痛,痛的不是胆,是心。

难得有机会,能一家人游阿拉斯加。但不知为什么从上飞机开始就胃痛,吃药也止不住。痛得冒冷汗,连外面的西装都湿了。

原本以为到旅馆休息一夜会好,岂知还是痛,而且痛了一个礼拜。

刚　刚　好　的　幸　福

夜里,听大家的鼾声传来,我忍着痛,不敢出声;白天,看儿子带着妹妹跑东跑西,我却在妻忧心的注视下,吞服一片又一片的胃药。

我不能扫大家的兴,忍痛陪着他们游了许多冰河,还去了北美最高的麦金利山,最后到达儿子的同学在费尔班克斯的家。

同学家正在盖房子,到处堆着材料,女儿要爬上阁楼参观,我忍痛把她抱上又抱下。

突然间,疼痛加剧,变成强烈的抽绞。我知道自己再也忍不住,恐怕非进医院不可。先叫儿子去冲了一杯胃药,又强笑着告诉大家,我大概不能参加下午的游览活动了。

胃药举到嘴边,还没服下,痛居然消失了。而且觉得无比舒畅,似乎一切都成为过去。

剩下的两天旅程,我完全康复,连一点疼痛都没了。

正因此,我怀疑是胆结石。

"被我料到了。"我拿着报告对医生说,"那时候一定是有石头移动,搞不好掉进了胆管,又因为我抱女儿上下楼梯,把石头挤掉了。"

"胆结石,平常没事,犯起来也蛮危险。有时候胆囊会破,整个腹腔都受到感染,就麻烦了。"医生笑笑,"你那趟旅行是白去了。"

"是啊!我气死了,改天要重走一遍。"我说。

每次吃多油炸的食物,胆囊就隐隐作痛。

我躺在床上,睡不着,都会想到那次旅行。

记忆中,积雪的山头、崩解的冰河、飞翔的水鸟,以及游着、跑着的各种动物,都那么清晰地呈现在眼前。

我虽然受了不少苦,但在那苦难中,我始终张大眼睛，看每一道风景。

我曾经为那荒山野水的壮阔而在心底惊叹；也为一双儿女的笑闹而心中暗喜。我甚至忍着痛，跟同车的旅客、司机聊天，且把那灵感化成了后来的文章。

细想想，我其实并没白去那一遭！

我也想到"胆"，这小东西不知从何时，偷偷把岁月化为石头，堆成我胸中的垒块。磨我、损我，且流出苦苦的胆汁，如同我苦苦的人生。

我的胆不好，不能吃油腻的食物，不能穿太紧的衣裤，不能让另一只臂膀，在夜晚搂过我的胸腹之间。

我甚至只要把自己的手放在胸口，就会感觉到那"装满石头的胆囊"。

我也觉得那是生命的缩影——

痛，生命本来就有痛；苦，人生本来就有苦。

但我只要忍着，好好生活。就像那些贫困一辈子的人，在痛苦中，仍然看了时代的变迁，感受了自己的成长，并目睹了下一代的接班。

虽然痛苦，我们也无法否定这一生。

虽然痛苦，我们也不会白来这一遭。

刚 刚 好 的 幸 福

遗忘,真好!

坐飞机回台北,正闭目养神,突然有个人一屁股坐在旁边的空位上,吓我一跳。

"你还记得我吗?"他转过脸,盯着我。

确实觉得眼熟,但记不得名字了,只能确定那是很早以前认识的一个人,怕他失望,我只好笑笑:"记得!记得!"

"我本来不敢找你的,"他笑得很奇怪,"犹豫了半天,还是觉得应该跟你打个招呼。"

这时我才发现他穿着制服,原来是飞机的驾驶员。

"哇!你是机长耶!"

"不!我现在还是副的。"他笑笑,"你不记得我

以前念官校吗？那是……那是三十年前了。"他顿了一下，"三十年前，真对不起，希望你没有恨我。"

"恨你？"我一怔。

"你不记得那件事了？"

"我不记得了，只记得你的脸，记得你是个很早以前的朋友。"

"谢谢你！你真伟大。"他拍了拍我，"我得上去了，咱们回头见。"

他走了，留下我，直发怔，接着拼命想，从记忆的深处搜寻那张脸的拼图。似乎找到了，刚在脑海里"搭线"，又断了，只觉得他是以前台北云和街的一个朋友，往下想，却怎么也想不起来了。

也便不再往下想，并且告诉自己，就算等下他又来了，要重提往事，也不必听，如果他觉得我会恨他，我忘了，不是正好吗？又成了一个无怨的朋友。

刚刚好的幸福

看电视剧《一地鸡毛》。

这部以电影手法拍摄的戏,描写一个年轻人在办公室的种种。

人际的倾轧、形式的僵化、送红包、走后门的官场文化,以及小职员讨生活的苦与乐,都被深刻地表现出来。

十几集连续剧的结尾,一个退休了的老干部老乔,回单位办事,在绿荫夹道的大院子里,与当年水火不容的男主角相遇。

"想想过去那么多年,咱们之间……真觉得对不起你。"老乔低声地、满怀歉意地说。

男主角笑笑,很淡很淡地说了三个字:"全忘了。"

镜头拉开,是那片浓浓的绿荫,好宽,好大。

大地震,一瞬间,死了两千多人,新闻媒体飞奔而至,争相报道这个世纪的大灾难。

许多孩子,一下子失去了双亲,张着无助又无知的眼睛,看着前去慰问的人,也盯着四周的镜头。

"你的妈妈呢?你的爸爸呢?你知道他们到哪里去了吗?"有记者问五六岁的孩子。

隔天,报上就有了读者投书,骂那记者为什么故意问孩子,使他想起父母双亡,让他痛上加痛。

过一阵子,又在报上见到一篇专访,访问受灾户,也访问了协助复建的社工人员。

那专访的标题取得很妙——《随兴式的关怀一再突袭,未必是好事》。

我的一位学心理学的朋友,看了专访,很感慨地说:"可不是吗?当那些可怜人正在淡忘的时候,何必再去勾起他痛苦的记忆?应该让时间的良药去治疗,让他去遗忘!"

去看一个画坛的老朋友的画展。

进门，眼睛一亮，不仅为他的画而眼睛亮，也因为每幅画下面挂的红条子。

"恭喜你！"我对老朋友说，"才第一天，就被订光了。"

"这是有原因的。"他把我拉到一边，小声说，"因为我教了一批官太太，她们都有钱，又都爱表现，所以还没展，就都订了。"说到这儿，他居然叹口气，"唉！教学生，影响进步啊！所以你如果发现我跟前几年没什么变化，都是因为教学生，老重复那些基础的东西，帮他们一笔一笔改画。旧方法不忘，新风格怎么产生呢？"

初中最要好的同学，一家人在大园空难全丧生了。

去了他家，去了北海墓园的灵骨塔。也在空难后的第一个母亲节，去看他的母亲，看见他的几个弟弟、弟媳，正围坐在圆桌前，大家手牵手，以心灵卫护着

伤心的老人。

接着我回美,画了一幅画,要台北办公室裱好,送给她。

讲句实话,我真想去安慰她,却又不知如何做,才能使她早早脱离伤痛。

一年多过去了,有朋友打电话到美国:"在电视上看到了张伯母!在教人做印尼菜,笑得很开心呢!"

"真好!"我说,"所以我以后去,一定要小心,不勾起她痛苦的回忆,让她逐渐地遗忘。"

到医院看我中风的母亲。

九十二岁的老人家,中风半年多了。虽然仍靠胃管进食,但是已经能吃一点儿冰激凌。跟过去一样,她还是爱吃巧克力,不爱吃绿茶的,而且一边吃,一边往碗里望,看还有没有。

最近一次去,她正坐在轮椅上看电视。

刚刚好的幸福

我搬了一把椅子坐在她身边,突然,她用能动的那只左脚蹬我的椅子,且发出呜呜的声音。

我不解,站起来,看着她,她直挥手,要我走开。我才发现原来隔壁病房的老太太正推着轮椅过来。

我赶紧把椅子移开,那老太太就把轮椅停在老母的身边,她们居然拉着手笑了。

"她的记忆可能是间断式的。"护士过来说,"她可能记得你,也可能不记得你,中风之后,她重新学,所以可能只记得医院里的新朋友,把以前全忘了。"护士突然笑了起来,"把以前全忘了,新生,像个小孩儿,多好!这比她总想起健康的时候伤心好得多,不是吗?"

每座新坟上,都可能有不时更换的鲜花;每座老坟上,都可能长着蔓生的野草。

生离死别,总在我们周遭上演着激越的悲剧。 那

哭声、那哀号，那枯槁的颜色以及痛不欲生的画面，总是让我们心颤。怕那伤心人，也将离我们而去。

他们确实不见了，躲起来，像是受了伤、躲在山洞中舔伤口的小动物，不知是生是死。

然后，他的影子，又渐渐闪过我们的眼角。

他终于出现了，正面地迎向我们，可能瘦了一圈，但看来更年轻；可能换了工作，但看来更有冲力；还可能换了房子，换了邻居，也换了能勾起他记忆的一切。

他成了一个新人，一个走出记忆的新人。

总想起医院护士的那段话，总想起飞机上遇到的那个机长。

回忆，真棒！

遗忘，真好！

刚刚好·的幸福

当你成为一只候鸟

"每次坐飞机,就觉得又死了一次。"昨天我对朋友说。

"你为什么想得那么糟?"他瞪我一眼,"别说不吉利的话好不好?"

我笑了起来,因为他听拧了我的意思。

将近二十年了,总在太平洋的两岸穿梭,愈来愈倦,却也愈跑愈远。

虽然每次回家,都要待上好一阵子,但是因为一年的行程都已经排定,下飞机时便已经有上飞机的压力。

万里外的演讲是早答应的,出书的时间也已定下来,写作不能耽搁一天,演讲也都无法更改。

于是,闲散的心情愈来愈少了,好像在为别人活,为"日程"活。

直到三个月过去,拉出藏在床下的旅行箱,开始打包,才觉得过去的一百个日子,仿佛匆匆地跳了过去。

今天下午,如往日,端杯咖啡坐在窗前,发觉窗外的景色好美;整理桌上的文件,发现有些早收到的信件没回;太太开车带我去冲照片,发现附近又盖了些新的房子。

树梢已经染了一些霜红。秋天来了,想必院子里又将是一片艳,而我,却又将离开家了。

行前,不单忙,也有着一团离情与遗憾。怎么想,都觉得又虚度了回家的一段宝贵光阴。

该读的书没读,该约的朋友没约,该去图书馆借

刚 刚 好 的 幸 福

的录像带没借,该教孩子的东西没教完,该跟老婆说的话没说尽。

这不就像濒临死亡的情怀吗?

当有一天,我们将要离开这个世界,不是会有一样的遗憾吗?

所幸的是,我的旅行总是来来去去,上次的遗憾下次还能补。

只是,下次总有下次的遗憾。

读费慰梅写的《梁思成与林徽因》,这对中国建筑界的才子与才女,婚前在美国总爆发激烈的争吵,好像随时都会解除婚约。

梁思成的爸爸在给大女儿的信里说:

> 今年思成和徽因已在佛家的地狱里待了好几个月。他们要闯过刀山剑林,这种人间地狱比真

正地狱里的十三拷问室还要可怕。但是如果能改过自新,惩罚之后便是天堂。

真是佩服梁启超这番境界,也真觉得自己的一生是在天堂与地狱中不断穿梭。

每个苦闷、矛盾与挣扎,都可能是地狱;每个顿悟、释怀与解脱,都可以是天堂。

"千年暗室,一灯自明。"

人生的几十年,何尝不是"一灯自明"。只是那明不见得是长明,我们总是随着境遇与心情而明明灭灭,又明又灭。

如同我每次离家,都有死前的珍惜与遗憾;每次回家,放下行囊,放下心情,洗个澡,往床上重重地倒下去,觉得好轻松、好幸福,又恍如到了天堂。

只是深想,家不见得一定是天堂,异乡也不必然是地狱。

刚　刚　好　的　幸　福

如果我觉得离家远行,是离开了自己的天堂,从别人的角度想,我何尝不是去了别人的家乡、别人的天堂。

漂泊久了,每架飞机落地的时刻,都觉得像回到了家,那大地、田野、房舍、迷迷离离的灯火,无论在世界的哪个地方,都差不多。

总有人在候机门外伸着脖子、挥着手,总有握手、拥抱、车子来接。

这不就是"生"吗?

从上一个世界,被飞机带去下一个世界,被"新的亲人"欢呼、拥抱,接去新的家。

新的家里有新的朋友、新的责任、新的得与失。

就像我这次的远行,去祖国大陆一个多月,为下岗职工失学子女募款,为大中学生演讲,想必也会是丰丰富富的一生。

当我一个多月之后离开的那一刻,会不会像每次

去台湾地区,离开时想到某个朋友忘了聚会、某个学生忘了约谈,然后带一箱读者的信件和惶恐的心情,赶往机场、登上飞机?

每次离台,在去往机场的路上,我总会对陪行的秘书交代一件又一件的事情,两三个月的停留,似乎只有到那一刻,才发现该说的都没说。

这又多像临终前交代后事啊!

"死"的那头,总有"生"在等着;离别的忧伤,总有重逢的快乐来弥补。"来也匆匆""去也匆匆"的相对,是"来也很好""去也很好",于是,又有什么好怨的?

一群黑影掠过我的窗前,伴随着一片嘎嘎嘎嘎的叫声,这些黑颊加拿大雁,已经起程,先飞到我附近的公园停留几周,再转往温暖的南方。

据说有人在它们身上做记号,隔年发觉它们还会

刚刚好的幸福

回到同一个地方,就像燕子,既然在你的檐下筑巢,就年年回来,衔泥修补它半年未住的老家。

只是,在南方,它是不是也年年衔泥,到另一个屋檐下?

客厅里传来卫星电视报气象的声音,妻突然打开门:

"台北还很热,大连已经冷了。"

"纽约也快冷了。"我说着把记事本翻开,到10月中,写下:"通知家里,把院里的花收进屋子,免得冻坏。"

突然觉得自己的世界变得好大、好宽。

又突然觉得自己加入了那群大雁,想着北方,飞向南方……

谁是真妈妈

到大连的少年儿童图书馆为读者签名。人太多,在图书馆里排了一圈又一圈,排到了门外。而外面,正是零度气温的隆冬。

"每个人只能签一本!"

"翻到你们要签的那一页!"

"不能握手了!不能握手了!"

"不准照相!不准照相!"

签名会的主办人员一边喊,一边推那些签完名却不肯离开的人,从他们焦急的样子,似乎只欠没对我吼:"刘老师!快点!别再跟学生说话了!"

尽管千叮万嘱,来签名的人还是会编各种理由,希望我能多签一本。

"您看,我买了几十本!"有个男学生举起一包书给我看。

"我是为同学带的,他生病不能来!"一个女学生愁眉苦脸地说。

"我今年都八十啦!孙子叫我来,看在我老的分儿上,多签一本吧!"一位老奶奶说。

可是,无论他们怎么说,我都坚持只签一本。我知道只要为某人多签一本,其他人就会抱怨不公平,甚至已经离开的人都会冲回来,要求"比照办理"。

而室外,还有一条长长的队伍,站在冷风中。

我一边不断点头、不断握手、不断致歉,一边偷偷为自己能坚持"只签一本"、绝不动摇的原则而自得。

轮到一个中年的妇人了。啪啪!她居然放了两本书在我面前,以很快的速度,小声说:"我是后娘,前

头生了个女儿,我又生了个女儿,两个人都要,我该给谁?您说,我怎么办?"

我怔了一下,但只有半秒钟的时间,立刻低下头,为她把两本书都签了。

在台北看电视新闻,播出个悲惨的画面。

一个女人,为亲戚带孩子,孩子从窗子跌落楼下,摔死了。

那女人居然抱着自己亲生的孩子,也跟着跳了下去。

"惨哪!惨哪!可是不这么做,怎么交代呢?"一起看电视的朋友说,"摔死自己的还好办,摔死人家的,该怎么解释?"

他的话使我想起以前在文章里所讲的"在紧要关头,每个人都会先顾自己的子女"。结果收到一个妈妈的来信,说她是后母,到了紧要关头,如果只能救

刚 刚 好 的 幸 福

一个,她会救"前面那个女人"生的孩子。

"因为我的孩子没了,我年轻,还能生。"信里写着,"但是我丈夫的前妻死了,我必须为她留下一个骨肉啊!"

同样的情况发生在另一些人身上,却完全不是那么回事。

那是个"电视配对"的节目。许多离婚或丧偶的人,各自讲他们的遭遇,然后在节目结束前,选择他们欣赏的"对方"。

多半都是离婚者,也多半诉说"前一半"的不是。似乎即使已经仳离多年,都无法平复他们心中的怨恨。

只有一个三十出头的男人不一样,因为他的妻子是车祸丧生的。他拿着亡妻的照片,说着说着,哭了。对面好几个女人和许多观众,也湿了眼眶。

终于到按铃择偶的时刻了,我猜那有情有义的年轻男士,一定会获得许多女士的青睐,岂料,他居然一票也没得到。

"他有一个孩子,我也有一个孩子,我不知道怎么办!"

"他太爱他太太了,活人怎么跟死人去比,我怎么跟他死掉的太太抢他心里的地位?"

还有一位女士,想得更多——

"他的女儿现在还小,但是以后愈长愈大,不但愈来愈难管,而且会愈长愈像妈妈,好像前妻和后妻住在一起,太麻烦了!"

看《读者文摘》,Lynn Schnurnberger 写的《继母的福气》。

那继母一开始,一点儿福气也没有,丈夫和前妻生的小女儿不但对着后母横眉竖目,大肆咆哮,而且

刚刚好的幸福

像小野马似的,用两条腿狠狠踢后母的脸。更让后母痛心的是,有一次后母责备她,她不假思索地喊:"你不是我真正的妈咪!"

在后母的爱心灌溉下,情况渐渐缓和了,有一天小丫头在床上大叫:"妈咪!妈咪!"

后母犹豫了一秒钟,跑过去抚慰。却心想:"她究竟是呼唤我,还是呼唤她的生母?"而那是她第一次听见小丫头喊"妈咪"。

整篇文章最令我感动的是,当小丫头有一天跟后母发脾气,又大喊"你不是我真正的妈咪"时,后母心平气和地回答:"我是你的妈咪,我虽不是你的第一个妈咪,不过我实实在在就是你的妈咪。"

什么是妈咪?

妈咪是生我们的女人,还是抚慰我们、照顾我们、引导我们长大的"父亲的伴侣"?

　　抑或妈咪也不必是父亲的伴侣，只要能给我们如同母亲般爱心的女人，就可以被我们称作妈咪？

　　想起我认识的一个离了婚的女人。

　　离婚时，孩子留给了前夫，前夫又娶了新的太太。

　　这离巢的妈妈常偷偷在远处看她孩子上学、放学、"一家人"出门。

　　"虽然离婚是因为你出轨，"有一天我问她，"但你还是有权利去探视自己孩子的。你为什么不光明正大地去呢？"

　　"起先我很想冲过去，对我的孩子喊：'别忘了！那个女人不是你妈妈，我才是你真正的妈妈！'"她沉吟了一下，"但是后来我改了，我发现那个女人疼我儿子疼得要死。她每天送我儿子上下幼儿园，又抱又亲。我好惭愧，想到以前，有一天我去跳舞，回家晚了，发现孩子饿，自己翻冰箱，翻了一地，就把他狠狠揍了一顿。我惭愧，我觉得那个女人不是后母，

刚刚好的幸福

是我儿子真正的妈妈,我才是后母,是那躲在后面的母亲。"

每个生母,如果不能表现母爱,都是后母。

每个后母,如果能视同己出,都是亲爱的妈妈。

而今每当我在签名会上斩钉截铁地宣布"每人只签一本,绝不多签"的时候,都会想到大连那个自称后母的女人。

我知道,如果再碰上她,我的原则还是会动摇的。

描一次心灵的地图

有个老同学和他的太太吵架,太太生气了,偷偷到旅行团报名,一个人不辞而别到欧洲旅行去了。

老同学跑来诉苦,说了一大堆他太太的不是。

我静静地听,听完了,半天没搭腔,终于忍不住地说:"作为你的老同学、好朋友,我想我不能不告诉你,这不能怪你太太,该怪你,因为这两年你变多了。大概因为人过中年,有点急功近利,远不如以前潇洒。你那心情的压力,也总是让人感觉得到。"拍拍他,我小声地说,"你知道吗?连我现在都不愿意跟你一起出去玩了。"

接着,我回到美国。静下来,想起自己说的那些话，觉得太重了，很过意不去，又打电话给他："要不要到纽约来？由我招待。一个人留在台北多寂寞。"

"不要了，我很好，不觉得寂寞。"他在那头回答。

"你在干什么？"

"看照片。"

"看照片？什么照片？"

"看我以前的照片，还有我们一起出去玩的照片。"他说，"你说得没错，我这两年是变了，只有自己不觉得。看照片才发现，以前笑得多么开心，现在笑得多么勉强。"停了一下，很感慨地说，"把过去和她的照片整个翻一遍，也才发现我们在一起这几年，其实也有很多很快乐的日子，现在吵架，真不应该……"

十年没开画展了，直到我最近打算出一本有文有图的书，才把十年间的作品纷纷拍照、分色、制版。

印刷前的打样出来了，三十多张画都校了色、修

了边。为了编排,我把它们按照创作的时间,在桌子上排了一列。

排好了,一张张看下去,才惊讶地发现,虽然以为自己的画风十年来没什么改变,实际年年在改,年年在变,近期的作品与十年前已经大不相同了。

"是不是年纪大些,眼力差些,我工笔的作品减少了?"

"是不是胆子更大了,所以笔触变得更豪放了?"

"是不是受到西方的影响,有些立体主义的样子?"

"是不是因为有了女儿,心情更开朗了,所以画面变得比较明艳?"我一张张地看,好像看到过去十年的岁月从笔底流过。"作品即生活",每张画,无论画的是花鸟或山水,总藏不住我创作时的心情。

而心情竟然有那么大的改变。

在电视上看到一位老影星的专访。

刚　刚　好　的　幸　福

年轻时美丽妖娆的女子,早已进入中年。脸孔上少了艳丽,多了智慧;眼睛里少了流波,多了深潭。

"我跟我母亲从小就合不来,总是争吵,再不然就谁也不理谁。有十几年,我根本不去看她,"女星说,"直到她病危,死前,我到她床边,花了三天三夜的时间,两个人,把几十年心里的话全说出来,好像重新活了一遍,才解开了这个心结。她,平平安安地走了,我也平平安安地活下来。"

因为工作,我一年总有将近半年的时间在家乡。奇怪的是,我一样睡、一样起、一样写稿子,在美国却能比在家乡做更多的梦,那些梦更清晰、更丰富,也更能成为我写作的灵感。

这令人难解的现象,我想了许多年,最近终于想通了!

在美国,我不必急着去办公室,所以醒了之后,

能留在床上好一阵子。心情既然轻松,又在半睡半醒之间,所以夜里的梦总在那时浮现。接着想一想、咀嚼一下,人也清醒了,也就把梦的记忆带入了白天。

在家乡则不同,才醒,就急着拿电话,打去办公室,把想到的事情留在答录机里,要秘书一早处理。既然从睁开眼睛,就没闲着,也就没时间去咀嚼夜里的梦,所以我觉得"在家乡不太会做梦"。

我不是没有梦,只是没机会想我的梦。

儿子的女同学多明尼卡·芭兰写了一本《我独自走过中国》,交给我出版。

为了让读者知道多明尼卡由美国到土耳其到乌兹别克斯坦,再进入中国,经太平洋回美国的路线,我不得不在书中刊出一张她的旅行地图。

多明尼卡当时在波士顿,而书急着出版,我只好帮她画。

刚刚好的幸福

先去买了张世界地图，把半透明的描图纸铺上去，四边固定，再用钢笔描出整个地球的五大洲四大洋。

天哪，原本以为十分钟就能完成的事，我居然足足描了一个小时。

原来地球这么大，土地这么多。土地的边缘，又这么转来转去地变化。还有那许许多多的小岛，一个连着一个。从马来半岛一路延伸下去，跑去新几内亚，再往南，则是那大得惊人的澳大利亚和旁边的新西兰。

自以为已经旅行半个地球的我，到那一刻才发现还有太多没去的地方。也才发觉原本以为大的土地其实不大；本来只当不存在的世界，却又大得吓人。

在那广漠的土地上，都住着怎样的人？他们都怎样生活？怎样祈祷？怎样斗争？怎样看这个人生、这个世界？

他们对我不了解，会不会也像我对他们那样陌

生?抑或他们以我的世界为中心,我们却总是当他们不存在?

地球是圆的,哪个地方不能称作世界的中心呢?

我一边描,一边想:我们总以自己为中心,以现在为中心,认为只有现在的自己最真实。这固然不错,只是当我们不检讨过去,不把过往的岁月摊在眼前,也就很难察觉自己的变化。

我们每天有每天的情绪,每年有每年的情怀,如同我们时时刻刻有不一样的遭遇。

我们的皮肤生了皱纹,手足生了茧子,心湖生了波纹,脑海生了浪涛。从那风风雨雨的岁月中走来,走过生命的海洋和欲望的城国,如果不把过去心灵的照片拿到今天比照,谁也难相信自己有了多大的变化。

昔日少年今白头,昔日壮怀今猥琐,昔日柔情今刚愎。我们的肚腩愈来愈大,却忘了更大的世界;我们的钱财愈聚愈多,却忘了"捐馆"的死亡就在眼前。

当有一天,我们离开这个世界,我们会因为常常在活着的时候思考过去,而觉得自己活了一生,抑或只因汲汲营营于眼前,而只觉得活了几天?

如同我的画,不排列起来看,不知自己的变化;如同我那同学,不把过去夫妻的生活想一遍,就不知相守的深情。也如同我描世界地图,不一笔一笔画过去、想过去,也就忘了这世界有多大。

当然,也如同我明明做了梦,如果不能静下心,回味、咀嚼,就只当无梦。

无梦的人生,有什么意思?

自从描那世界地图,我就常想,我心里也有张心灵的地图,是不是也该常常拿来重描一遍?

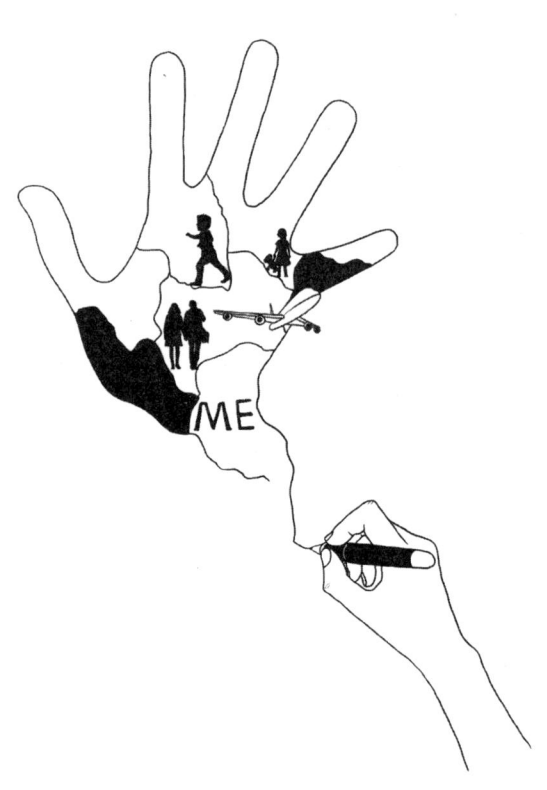